Anselm Grün

Das Buch der Lebenskunst

HERDER spektrum
Band 5700

Das Buch

An uns selber liegt es, dass wir glücklich werden. Ist Leben also eine Kunst? Anselm Grün sagt: Ja – und jeder kann sie lernen. Wie es gelingt – der Bestseller des „Glückspaters" gibt dazu wichtige Hinweise: Es bringt nichts, sich unter Druck zu setzen. Wer überzogene Ansprüche hat, steht sich selbst im Weg. Wer gut zu sich ist, hat es im Leben leichter. Sei, der du bist – aber kreise nicht ständig um dein Ego. Mach dir nichts vor und nimm dich nicht so wichtig. Arbeite an deinen Schwächen. Aber verbeiße dich nicht in sie. Lass sie los. Nur wer barmherzig mit sich selber ist, kann gut sein – zu sich und anderen. Übertreibe nichts, finde vielmehr in allem dein ganz persönliches Maß. Darin besteht letztlich die Kunst: sich tief auf das Leben einlassen – und offen bleiben für das Überraschende, das das Leben bereit hält, für jeden und für jede. Jeden Tag.

Der Autor

Anselm Grün OSB, Dr. theol., geb. 1945, verwaltet als Cellerar die Benediktinerabtei Münsterschwarzach. Er gehört zu den erfolgreichsten spirituellen Autoren der Gegenwart. Bei Herder Spektrum u. a.: Das kleine Buch der Engel; Das kleine Buch vom wahren Glück; Vergiss das Beste nicht; Zur inneren Balance finden.

Anselm Grün

Das Buch der Lebenskunst

Herausgegeben von Anton Lichtenauer

FREIBURG · BASEL · WIEN

Originalausgabe

5. Auflage 2009

© Verlag Herder GmbH, Freiburg im Breisgau 2002
Alle Rechte vorbehalten
www.herder.de

Umschlagkonzeption und -gestaltung:
R·M·E München / Roland Eschlbeck, Liana Tuchel
Umschlagmotiv: © Micha Pawlitzki

Herstellung: fgb · freiburger graphische betriebe
www.fgb.de

Gedruckt auf umweltfreundlichem, chlorfrei gebleichtem Papier
Printed in Germany

ISBN 978-3-451-05700-7

INHALT

Einleitung 7

Der Kern des Glücks – sei, der du bist 11
Nimm dich an, sei gut zu dir

Es lohnt sich, die Tage zu leben 35
Nimm dir Zeit – Gib deiner Seele Atem

Gib deiner Arbeit Sinn 65
Von der rechten Balance

Suche Tiefe in allen Beziehungen 93
Bleibe bei dir – sei ein Segen für andere

Nimm deine Freunde als Geschenk 121
Resonanz der Melodie deines Herzens

Trau der Liebe – und geh ihr auf den Grund 139
Nur mit dem Herzen siehst du gut

Lass Verwandlung geschehen 153
Aus Krisen wird Reife und Wachstum

Geh bis an deiner Sehnsucht Rand 187
Sehnsucht ist der Anfang von allem

Lebe – statt gelebt zu werden 201
Entscheide dich heute für das Leben

EINLEITUNG

VON ANTON LICHTENAUER

Was ist das eigentlich, ein Lebenskünstler? Jemand, der sich auf die Sonnenseite stellt und nach dem Motto lebt: Take it easy – wer Sorgen hat, ist selber schuld?

Augenzwinkernd stimmen viele darin überein: Am besten fährt noch immer, wer den lieben Gott einen guten Mann und Krummes gerade sein lässt. Wichtig ist doch: Mitnehmen, was geht. Und vor allem: Nichts anbrennen lassen. Aber hallo!
Leben light also?

„Schwerer werden. Leichter sein." Paul Celan hat das gesagt: Es ist alles andere als die Devise jener Lebenskünstler der Uraltmarke „Schwerenöter" oder „Leichtfuß". Eher ist es das Gegenprogramm dazu. Es ist – verdichtet – die präziseste Antwort darauf, was die Kunst des Lebens wirklich ausmacht.

„Schwerer werden. Leichter sein." Das ist tatsächlich eine Kunst: Polaritäten nicht ausschließen, sondern in der Balance leben. Beachten, was wirklichen Wert hat und damit dem Leben Gewicht geben. Und unnötigen Ballast abwerfen. Beides zusammenbringen: Bodenhaftung und Offenheit. Verwurzelt und frei leben. Erdverbunden, himmelwärts.

Paul Celans Devise ist – bis in die Bildvorstellung hinein – gar nicht so weit weg von dem, was schon die alten Mönchsväter in der ägyptischen Wüste suchten und was heute neu entdeckt wird. Anselm Grün erinnert gern an ein Wort, das von Abba Antonios überliefert wird: „Wenn du siehst, dass ein junger Mönch mit seinem eigenen Willen nach dem Himmel strebt, halte seine Füße fest, ziehe ihn nach unten, denn es hat für ihn keinen Nutzen."
Der spirituelle weltferne Himmelsstürmer verliert sich nur in seinen eigenen Schwärmereien. Aber auch wer nur am Boden klebt, kann den Himmel nicht in sich tragen. „Geerdete Spiritualität" nennt Anselm Grün die Alternative dazu. Es ist seine Kurzdefinition von Lebenskunst.

Dahinter steckt zunächst eine psychologische Erfahrung: Glück und Unglück haben ihre Wurzel in unserem eigenen Leben. Wer glücklich leben will, muss nicht vorher erst die Welt revolutionieren und auch nicht erst einmal die äußeren Umstände nach seinen Wünschen und Vorstellungen arrangieren. Schau in dich, erkenn dich selbst. Nach innen geht der Weg zum Glück – zunächst zumindest. Denn das, wonach wir uns sehnen und das, wovor wir Angst haben und wovor wir davonlaufen, tragen wir alles in uns. Unser eigenes Herz, unsere eigene Wirklichkeit ist der Humus für die Pflanze Glück.

Dahinter ist aber auch eine feste Überzeugung: der Glaube, dass die Sehnsucht nach dem Himmel, nach einem „ewigen Leben", unausrottbar in uns steckt, ja dass dies die eigentliche Wahrheit ist – auch wenn sie sich versteckt oder maskiert oder zugeschüttet und verdeckt ist. Wer das Geheimnis der Transzendenz nicht wahrnimmt, verpasst die Chance seines Lebens: „Leben in Fülle".

„Leben in Fülle" dieses Bild steht dafür, dass man das Himmlische im Alltag wirklich finden kann, im Hier und Heute, und nicht vertröstet wird auf ein Jenseits, irgendwann. Es meint aber auch: Wir können auch unsere Begrenztheit gelassen akzeptieren. Was wir jetzt schon erfahren können, ist etwas, dessen Vollendung in Fülle wir für uns erhoffen. Die Spannung zwischen Erwartung und Erfüllung hält uns jetzt lebendig – und sie wird einmal endgültig aufgehoben sein in der Erfüllung aller Sehnsucht. Dass wir begrenzt sind, zwingt uns also keineswegs, Leben krampfhaft „als letzte Gelegenheit" zu sehen und so viel wie möglich hastig-gierig noch schnell in uns hineinzuschlingen. Das Schwere wird leicht, wenn der Gedanke an den Tod noch das Gefühl der Dankbarkeit hervorruft, dass ich leben darf und mich achtsam dafür macht, dass ich jetzt bewusster lebe.

Glücklichsein und Unglücklichsein hat also auch eine spirituelle Wurzel. Das heißt in der Konsequenz: Achtsam sein auf die Momente, in denen Ewigkeit in die Zeit einbricht, in denen alle Hektik aufhört und alle Gegensätze auf einmal aufgehoben sind. Die Beziehung zum Transzendenten ist entscheidend. Das macht meinen eigentlichen Wert aus. Das ist der Grund, der mir Sicherheit gibt. Ohne den Himmel über uns aber verlieren wir den Boden unter uns. Mit einem Baum kann man das vergleichen, der im Boden einwurzelt, aber seine Kraft auch aus den Ästen zieht, den „Luftwurzeln", der Ausrichtung nach oben. Dieses Ausstrecken nach der Transzendenz, so Grün, bringt in Berührung mit einer Kraft, die alles verwandelt. Das ist der alles entscheidende Punkt, denn diese Kraft ist Liebe, die mein Leben stark machen kann, heilig, unberührbar, ganz. Wer das realisiert, der kann anders leben.

Auch wenn es keine Rezepte für ein solches Leben gibt und keine systematisch ausformulierten Anweisungen, so hat diese Sicht doch ganz praktische Konsequenzen für den Alltag, für den Umgang mit uns selber, für unsere Arbeit, für Beziehungen zu anderen Menschen, für unser Verständnis und unsere Gestaltung von Zeit. Und für unsere Einstellung zum Leben überhaupt.

Der Kern des Glücks ist für Anselm Grün: Sei, der du bist – aber kreise nicht ständig um dein Ego. Mach dir nichts vor. Akzeptiere, dass du kein Held bist, und nimm dich nicht so wichtig. Arbeite an deinen Schwächen. Aber verbeiße dich nicht in sie. Lass sie los. Nimm dich an mit deinen Ungereimtheiten, deinen Gegensätzen. Denn nur wenn du es mit dir selber aushältst, kommst du weiter. Nur dann wirst du menschlich. Wer barmherzig mit sich selber ist, kann auch zu anderen gut sein.

Wer bei sich ist, kann dann auch für andere zum Segen werden. Entzieh dich also den Erwartungen, die andere an dich stellen. Lebe selbst, und lass dich nicht von äußerem Druck bestimmen. Pass dich nicht an, sondern suche den Einklang mit dem tiefsten Kern in dir – und du wirst die Harmonie nicht nur mit dir selber finden, sondern sie auch wieder ausstrahlen können. Suche tiefe Beziehungen und nimm sie als Geschenk: in der Freundschaft und in der Liebe. Trau jeder Liebe – und geh ihr auf den Grund. Nur mit dem Herzen siehst du gut.

Arbeit und Kontemplation gehörten für die Mönche immer schon zusammen. Von ihnen können wir noch heute lernen. Also sei aktiv. Gib deiner Arbeit Sinn, aber geh nicht in ihr auf. Auf die Balance kommt es an im Leben. Nütze die Zeit, um dich und andere zu finden. Verlier dich nicht im Alltagsstress. Such die Stille. Wer sich wandeln will, wer reifen und wachsen möchte, der braucht den Raum der Ruhe. Gib deiner Seele Atem. Lass dich nicht von Niederlagen und Verwundungen niederdrücken. Alles kann zur Chance werden.

Im Zentrum dieser Lebenskunst steht ein Urvertrauen, das sagen kann: Sorge dich nicht. Lebe jetzt. Sei ganz im gegenwärtigen Augenblick – und genieße ihn. Das meint nicht Hätschel-Wellness für verzärtelte Seelen. Das heißt vielmehr: Wach auf zum Leben. Sei nicht ständig woanders, sondern hier, bei dir, bei dem Menschen, der dir nahe steht, bei dem, was gerade wichtig ist. Klammere dich nicht an das, was einmal war. Lass gut sein.

„*Schwerer werden. Leichter sein.*" Beides kann zusammengehen: das Loslassen und die Fülle, der Himmel und die Erde, Zeit und Ewigkeit, Menschliches und Göttliches. Die Kunst liegt darin, offen zu sein für beides und die Balance zwischen den Polen immer wieder neu zu gewinnen.

Ist diese Lebenskunst schwer? Ja und nein. Am Ende aber ist sie von einer überirdischen Heiterkeit, die die Schwebe hält zwischen Himmel und Erde. Für Anselm Grün kulminiert Lebenskunst nämlich in einem Augustinus-Wort. „Lerne tanzen, sonst wissen die Engel im Himmel mir dir nichts anzufangen."
  Das erinnert – über die Zeiten hinweg – an ein Wort Friedrich Nietzsches: „Das Gute ist leicht. Alles Göttliche läuft auf zarten Füssen." Solche beschwingte, erlösende Leichtigkeit, hier und jetzt und im eigenen Leben, – das wäre der Himmel auf Erden.

DER KERN DES GLÜCKS – SEI, DER DU BIST

NIMM DICH AN, SEI GUT ZU DIR

DER KERN DES GLÜCKS

„Der Kern des Glücks: der sein zu wollen, der du bist." (Erasmus von Rotterdam)

In meiner Jugend habe ich berühmten Vorbildern nachgeeifert. Ich wollte unbedingt so belesen und so scharfsinnig sein wie der große Theologe Karl Rahner, und mein Traum war, so singen zu können wie der strahlende Tenor Fritz Wunderlich. Ich weiß heute natürlich: Wer sich an nur den Sternen orientiert, kann leicht die Bodenhaftung verlieren. Aber es stimmt immer noch auch dies: Vorbilder haben einen Sinn. Sie werden zwar im Lauf eines Lebens wechseln – und sollen das auch. Aber ein motivierender Ansporn geht auf jeden Fall von ihnen aus, auch wenn im Verlauf der Entwicklung die Umstände sich ändern und die Ziele andere werden – und damit auch die Vorbilder. Vorbilder fordern mich immer auch dazu heraus, an mir zu arbeiten. Und sie helfen mir dabei, auch innerlich weiterzukommen. Aber: Wenn ich nur auf sie fixiert bin, werde ich nie mit mir zufrieden sein können.

Heute bin ich dankbar für das, was ich bin. Natürlich kenne ich manchmal noch Gedanken wie: „So gut möchte ich formulieren können wie Augustinus oder wie Erhart Kästner." Oder: „Wenn ich im Gespräch doch ebenso klar intervenieren könnte wie mein Supervisor das macht." Doch wenn ich das merke, dann versuche ich, bei mir zu sein und mir vorzusagen: „Ich bin ich. Und es ist gut so, wie ich bin. Ich tue das, was für mich stimmt." Wenn es mir dann gelingt, ganz im Einklang mit mir selbst zu sein, und dankbar anzunehmen, was Gott mir an Fähigkeiten gegeben hat, aber auch dankbar zu sein für die Grenzen, die ich wahrnehme, dann ahne ich, was wirkliches Glück ist. Noch mehr: Dann kann ich von mir sagen, dass ich glücklich *bin*. Es ist gut so, wie es ist. Ich sitze da, atme ein und aus und genieße es, das Leben zu spüren, mich in meiner Einmaligkeit wahrzunehmen. Dann schmecke ich das Leben, dann koste ich das Glück. Ich muss nichts gewaltsam oder verbissen ändern, nicht ständig hart an mir arbeiten. Ich bin der, der ich bin, von Gott so geformt und gebildet, in seiner Liebe geborgen, bedingungslos bejaht. Dann ist Frieden in mir. Dann ist alles gut.

Erasmus von Rotterdam, der große Humanist und Menschenkenner, hat es in einem Satz auf den Punkt gebracht.

ALLES IST IN DIR

„Wovor du wegläufst und wonach du dich sehnst, beides ist in dir selber." Der indische Seelenführer Anthony de Mello hat das gesagt. Und in der Tat: Viele Menschen sind auf der Flucht vor sich selbst. Sie laufen vor ihrer Angst davon oder fliehen vor ihren Schuldgefühlen. Sie laufen vor bedrohlichen Situationen und Konflikten mit anderen davon. Doch alles, wovor sie fliehen, ist *in* ihnen. Sie können gar nicht vor sich selber weglaufen, denn sie nehmen alles mit.

Mich erinnert das an den Mann, der versuchte, vor seinem eigenen Schatten davonzulaufen. Er steigerte sein Tempo beim Laufen, um den Schatten loszuwerden. Doch sobald er sich umsah, erblickte er wieder den Schatten. Er konnte ihn nicht abschütteln. Er hetzte weiter und rannte, bis er tot umfiel. Genauso wenig können wir das ablegen, wovor wir davonlaufen. Wir nehmen es mit. Es ist in uns. Davonzulaufen und sich abzuhetzen bringt nichts. Wir werden es auf diese Weise nie loswerden. Es bleibt uns nur eines übrig: stehen zu bleiben und uns mit dem auszusöhnen, was in uns ist.

Der erste Schritt der Aussöhnung besteht darin, dass wir uns erlauben, dass das, wovor wir am liebsten weglaufen würden, in uns bleibt und auf diese Weise nicht abzuschütteln ist. Wir verzichten darauf, es zu bewerten. Es ist, wie es ist. Und es darf so sein.

Der zweite Schritt besteht dann darin, sich liebevoll dem zuzuwenden, was wir in uns so sehr ablehnen. Es gehört zu mir. Es ist ein Teil von mir. Und auch dieser Teil will geliebt werden.

Aber nicht nur dieser Angstreflex, auch die Sehnsucht ist in uns und treibt uns an: die Sehnsucht nach absoluter Heimat, Geborgenheit und Liebe. Die Sehnsucht können wir nicht totschlagen. Sie ist die Spur, die Gott in unser Herz gegraben hat, um uns an sich selbst zu erinnern. Die Sehnsucht ist in uns als eine Kraft, die uns über diese Welt hinausführt. Auch das, wonach wir uns sehnen, ist immer schon in uns. Wir sehnen uns nach Erfolg, nach Liebe, nach Anerkennung, nach Frieden, nach Heimat. All das ist schon in mir. In mir ist die Liebe. Ich brauche sie nur wahrzunehmen. In mir ist Heimat. Wenn das tiefste Geheimnis des Lebens selbst in mir wohnt, kann ich in mir selbst daheim sein. In mir ist

Erfolg. Wenn ich ja sage zu mir, so wie ich bin, spüre ich mich, spüre ich Lebendigkeit und Weite. Was ist denn Erfolg? Es glückt mir etwas. Und wenn mir etwas glückt, bin ich glücklich. Das Glück ist also schon in mir. Ich muss es mir nicht erkaufen. Ich muss es nicht durch äußeren Erfolg erreichen. Ich brauche nur in Einklang zu kommen mit mir selbst, mich an dem freuen, was von mir ausgeht, dann werde ich diese beglückende Harmonie als Kraft wahrnehmen, die sich selbst genügt, aber auch nach außen strahlt. Die Anerkennung ist auch in mir. Wenn ich mich selber anerkenne, muss ich der Anerkennung nicht nachlaufen. Dann ist es nicht mehr so wichtig, ob die anderen mich anerkennen.

Die eingangs zitierte Erkenntnis Anthony de Mellos lädt uns ein, unsere Sehnsüchte genau anzuschauen, immer wieder innezuhalten und uns zu vergewissern: All das, wonach ich mich sehne, das ist schon in mir. Wenn ich stehen bleibe und nach innen höre, finde ich schon alles in mir. Das ist die tiefste Wahrheit meines Lebens: Gott ist in mir. Und damit ist alles, wonach ich mich sehne, in meinem Herzen. Es geht darum, vor dieser Wahrheit nicht davonzulaufen, sondern innezuhalten und sich ihr zu stellen. So paradox es klingt: Dieses Innehalten ist die Voraussetzung für jeden menschlichen und geistlichen Fortschritt.

BLEIB BEI DIR

Der heilige Benedikt sieht in der stabilitas, in der Beständigkeit, im Bleiben, das Heilmittel für die Krankheit seiner Zeit, der Zeit der Völkerwanderung, der Unsicherheit, der ständigen Bewegung. Stabilitas heißt für ihn Bleiben in der Gemeinschaft, in die man eintritt. Und sie bedeutet für ihn, dass der Baum sich einwurzeln muss, um wachsen zu können. Das ständige Verpflanzen hemmt nur seine Entwicklung.

Stabilitas heißt aber zuerst: bei sich bleiben, sich in seinem Kellion, in der Begrenztheit der eigenen Mönchszelle also, vor Gott aushalten. So sagt Abba Serapion: „Kind, wenn du Nutzen haben willst, dann halte in deinem Kellion aus, achte auf dich und deine Handarbeit. Denn das Herausgehen bringt dir für den Fortschritt nicht den Nutzen wie das Stillsitzen" (Apo 878).

Eine alte Geschichte aus der Wüste, die auch heute aktuell ist:
   „Ein Bruder kam in die Sketis zum Altvater Moses und begehrte von ihm ein Wort. Der Greis sagte zu ihm: ‚Fort, geh in dein Kellion und setze dich nieder, und das Kellion wird dich alles lehren'."

Und eine andere Mönchsgeschichte mit einer tiefen psychologischen Weisheit:
   „Jemand sagte zum Altvater Arsenios: ‚Meine Gedanken quälen mich, indem sie mir sagen: Du kannst nicht fasten und auch nicht arbeiten, so besuche wenigstens die Kranken; denn auch das ist Liebe.' Der Greis aber, der den Samen der Dämonen kannte, sagte zu ihm: ‚Geh und iss, trinke und schlafe und arbeite nicht, nur verlass dein Kellion nicht!' Er wusste nämlich, dass das Ausharren im Kellion den Mönch in seine rechte Ordnung bringt."

Was sagen uns diese alten Texte?
   Der Mönch kann alles tun. Er braucht gar keine Askese zu üben. Er braucht auch nicht zu beten, wenn er nur in seinem Kellion bleibt. Dann wird sich in ihm etwas verwandeln, dann wird er innerlich in Ordnung kommen. Er wird konfrontiert mit all dem inneren Chaos, das in ihm auftaucht. Und er verzichtet darauf, davor fortzulaufen.

EIN RAUM IN MIR

Jammern ist heute an der Tagesordnung. Da beklagt sich der eine darüber, wie viel Arbeit man hat, der andere, wie man nicht mehr zurechtkommt mit den Erwartungen der anderen, und wieder ein anderer spricht davon, wie er sich allein gelassen fühlt, in dem, was er vorhat und leistet.

Der Alltag gibt sicher zu vielen Klagen Anlass. Aber wir sind doch mehr als nur Pflichterfüller oder Krisenmanager oder Konfliktlöser. Wir haben in uns einen Raum, zu dem die alltäglichen Probleme keinen Zutritt haben, in dem wir aufatmen können, weil Gott selbst uns darin befreit von der Macht der Menschen und von der Macht des eigenen Über-Ichs, von der Macht der Selbstbeschuldigungen und Selbstvorwürfe. In diesem Raum kann ich die Erfahrung machen: Ich habe Fehler, aber ich bin nicht meine Fehler. Ich habe Schuld, aber ich bin nicht meine Schuld. In diesem Raum wird all das, was mir zu schaffen macht, relativiert. Es hat keine letzte Macht über mich. Dieser Raum ist frei von Wut und Angst, frei von Enttäuschungen und Selbstvorwürfen. Ich kann zu allem, was in mir ist, ja sagen. Ich muss in diesem Raum meine Schwächen nicht mehr bekämpfen und besiegen und mir dabei den Kopf wundstoßen. Ich weiß, dass in diesem Raum nichts über mich Macht hat. Weil ich dort schon heil und ganz bin, darf ich sanft und gut mit mir umgehen.

ERKENNE DICH SELBST

„Was nützt es uns, zum Mond reisen zu können, wenn es uns nicht gelingt, den Abgrund zu überwinden, der uns von uns selbst trennt? Dies ist die wichtigste aller Entdeckungsreisen; ohne sie sind alle anderen nicht nur nutzlos, sondern zerstörerisch." Der Trappist und geistliche Schriftsteller Thomas Merton hat diese Warnung formuliert, unmittelbar nachdem die erste Landung eines Menschen auf dem Mond die Welt in Bann schlug und optimistische technische Utopien die Phantasie ins scheinbar Grenzenlose beflügelten.

Das liegt Jahrzehnte zurück – und ist so wahr wie damals: Neulich erzählte mir eine Frau von ihrem ehemaligen Freund, der ein erfolgreicher Unternehmer ist, aber sie als Frau verlassen hat, als sie von ihm schwanger wurde. Von vielen wird dieser Mann bewundert. Doch er merkt gar nicht, wie er Frauen behandelt, sobald sie sein Image ankratzen. Da spürt man, wie weit er von sich selbst entfernt ist. In seinem Beruf verfolgt er ehrgeizige Projekte. Er bewegt die halbe Welt. Doch den Weg zu sich selbst findet er nicht. Er ist nicht in Berührung mit seiner schwachen Seite, die er durch erfolgreiche Aktionen nach außen zudecken muss. Solange er nicht den Abgrund überwunden hat, der ihn von seinem wahren Selbst trennt, wird von ihm nie wirklicher Segen ausgehen. Er wird immer wieder Menschen verletzen. Er muss andere klein machen, um an seine Größe glauben zu können. Er muss „Bewunderungszwerge" um sich sammeln, wie der Münchner Therapeut Albert Görres es einmal formuliert hat. Doch alles, was ihm helfen könnte, das eigene Selbst zu erkennen, lehnt er ab. So wird sein Tun, auch wenn es auf den ersten Blick noch so erfolgreich ist, immer wieder Menschen zerstören und letztlich auch keinen Segen bringen für diese Welt.

ÜBERSCHÄTZ DICH NICHT

Alle Religionsstifter und die großen Weisheitslehrer aller spirituellen Traditionen der Menschheit zeigen uns ähnliche Wege wahrer Lebenskunst. Ihre Weisheit hat eine gemeinsame Quelle, aus der alle Menschen, alle Kulturen und Religionen schöpfen. „Drei Dinge im Leben sind zerstörerisch: Zorn, Gier und Selbstüberschätzung." Diese Einsicht hat Mohammed formuliert. Sie ist heute so aktuell wie vor nahezu eineinhalb tausend Jahren. Und sie findet ihre Entsprechung in der Psychologie christlicher Mönchsväter, die noch vor Mohammed lebten.

Die drei Dinge, die Mohammed als Lebenszerstörer versteht, entsprechen den drei Bereichen, aus denen die neun Laster entspringen, die Evagrius Ponticus, der wohl bedeutendste christliche Mönchsschriftsteller, im vierten Jahrhundert beschrieben hat. Evagrius unterscheidet im Einklang mit der griechischen Philosophie drei Bereiche im Menschen, den begehrlichen, den emotionalen und den geistigen Bereich. Und jedem Bereich ordnet er drei Leidenschaften zu, die zunächst wertfrei sind, die aber auch zu Lastern werden können, wenn der Mensch nicht bewusst und achtsam mit ihnen umgeht.

Der begehrliche Teil, von dem Evagrius spricht, entspricht in der Analyse Mohammeds der Gier. Die Gier kann sich beziehen auf das Essen (Völlerei), auf die Sexualität (Unzucht) und auf den Besitz (Habgier). Der Gierige kann nicht genießen, weder das Essen noch die Sexualität, noch den Besitz. Er muss immer mehr in sich hineinschlingen, um seine innere Leere zu verdecken. Er braucht immer neue sexuelle Kontakte, um in seiner Erstarrung überhaupt etwas Lebendigkeit zu spüren. Und er wird vom Besitz besessen. Er kann sich nicht ausruhen, sondern wird dazu getrieben, immer noch mehr zu besitzen, anstatt das, was er hat, zu genießen und sich daran zu freuen.

Im emotionalen Bereich unterscheidet Evagrius zwischen Traurigkeit, Zorn und *akedia* (Lustlosigkeit, Trägheit). Aber alle drei emotionalen Fehlhaltungen haben letztlich mit dem unbewältigten Zorn zu tun. Aggression kann ja auch eine positive Kraft sein. Doch wenn ich sie in mich hineinfresse, wird sie entweder zur Depression (Traurigkeit, Selbstmitleid) oder zum Groll und zur Bitterkeit. Oder aber sie lässt mich nicht zur

Ruhe kommen *(akedia)*. Sie treibt mich hierher und dorthin, weil ich nicht weiß, wie ich mit der Energie meiner Aggression auf angemessene Weise umgehen kann.

Im geistigen Bereich nennt Evagrius als die drei Gefährdungen des Menschen: Ruhmsucht, Neid und Hybris.

Mohammed fasst diese drei Laster in das der Selbstüberschätzung zusammen. Wer sich selbst überschätzt, der lebt an sich vorbei, der zerstört sich selbst. Er weigert sich, seine Wirklichkeit anzuschauen und anzunehmen. Die Selbstüberschätzung wird dazu führen, dass er irgendwann einmal vom Podest seines hohen Selbstbildes abstürzt und zugrunde geht.

DER SCHATZ IN DIR

Das Märchen von den drei Sprachen zeigt in einem schönen Bild, wie wir mit unseren Leidenschaften und Emotionen umgehen sollen:

In diesem Märchen schickt ein Graf seinen Sohn zu einem Meister in eine fremde Stadt, damit er etwas Sinnvolles lerne. Nach einem Jahr kommt er wieder. Er hat die Sprache der bellenden Hunde gelernt. Der Vater schickt ihn voller Wut zu einem andern Meister. Doch auch hier erfüllt er nicht die Erwartungen und Wünsche, die der Vater an ihn hat: Er lernt die Sprache der Frösche und im dritten Jahr die Sprache der Vögel. Der Vater befiehlt, ihn zu töten.

Die Diener haben Mitleid mit ihm, und so kann er fliehen. Er kommt in eine Burg und möchte dort übernachten. Aber der Burgherr kann ihm nur den Turm anbieten, in dem wilde bellende Hunde hausen. Er hat jedoch keine Angst vor ihnen und redet freundlich mit ihnen. Da verraten sie ihm, dass sie nur deswegen so wild sind, weil sie einen Schatz hüten. Sie helfen ihm, den Schatz auszugraben, und verschwinden. Der junge Mann geht weiter nach Süden und kommt an einem Teich vorbei, in dem die Frösche sich über ihn unterhalten. In Rom ist gerade der Papst gestorben. Die Kardinäle verständigen sich darauf, dass Gott durch ein Wunder anzeigen solle, wen sie zum Papst wählen. Da kommt der junge Mann in die Kirche, und zwei weiße Tauben setzen sich auf seine Schulter. Das ist für die Kardinäle das Wunder, und sie wählen ihn zum Papst. Der Papst ist hier ein Bild für die Fähigkeit, andere zum Leben begleiten zu können. Übersetzt heißt das: Wir müssen erst die Sprache unserer bellenden Hunde und die Sprache der Frösche verstehen, um die Sprache des Geistes sprechen zu können. Dort, wo die Hunde in uns bellen, dort liegt auch der Schatz. Es kommt auch in unserem Leben darauf an, die Sprache dieser elementaren Kräfte zu verstehen und den Schatz, für den sie stehen, in uns zu entdecken. Es kann sehr befreiend sein, sich nicht mehr zu genieren, dass da Aggressionen und Probleme sind. Dort, wo einer am meisten Probleme hat, dort könnte er auch mit dem Bild in Berührung kommen, das Gott sich von ihm gemacht hat.

BEGEGNE DIR SELBST

Begegne dir selbst – dies ist eine der wichtigsten Aufgaben für alle, die auf dem inneren Weg sind. Für die alten Mönche war die Bedingung für die Gottesbegegnung die Begegnung mit sich selbst und die Erkenntnis seiner selbst. „Willst du Gott erkennen, lerne vorher dich selber kennen." Wer sich selbst nicht erkennt, der wird seine unbewussten Wünsche und Sehnsüchte, seine verdrängten Bedürfnisse auf Gott projizieren. Und so betet er seine eigenen Bilder an und berührt nicht den wahren Gott, der immer der ganz andere ist. Die Selbsterkenntnis befreit uns von den eigenen Illusionen, und dadurch ermöglicht sie uns einen klaren und unbefangenen Blick auf diese ganz andere Realität. Gott bleibt dann nicht mehr ein Bild der Seele, sondern er erscheint als der wirkliche, der uns gegenübertritt.

Es ist eine alte Einsicht, dass das geistliche Leben vor allem darin besteht, mit den Leidenschaften der Seele richtig umzugehen, von der Herrschaft der von Emotionen geprägten Gedanken loszukommen und in den Zustand der inneren Freiheit zu gelangen. Dabei geht es immer wieder darum, die Gefühle nicht zu bewerten, sondern sie einfach zuzulassen und anzuschauen. Und darauf kommt es auch immer wieder neu an: einen Dialog mit meinen Gefühlen und Leidenschaften zu führen, um die positive Kraft, die darin steckt, für mein inneres Leben fruchtbar zu machen. Nur wenn die Gefühle angeschaut und zugelassen werden, kann das geistliche Leben strömen. Das zeigt uns übrigens auch unser Atem, der eine integrative Struktur hat, sofern er in seinem Strömen Kopf, Herz und Bauch, Verstand, Gefühl und Vitalität verbindet, und der in seiner Dynamik auf den Weg menschlicher Selbstwerdung verweist: im Annehmen, Loslassen, Einswerden und Neuwerden – das wir im Fluss des Atmens immer wieder neu erfahren.

GESTALTE DEIN EIGENES LEBEN

Jeder darf sich selber die Frage stellen: Woraus schöpfst du? Was sind deine Wurzeln? Was prägt dein Denken und Fühlen? Und auch dieser positive Impuls kann im Leben jedes Einzelnen weiterwirken: Schaue dankbar auf das zurück, was du von den Menschen hast, die vor dir waren, von Ideen, die andere in diese Welt bringen. Auch durch dich selber will Neues aufleuchten. Gott ist der ewig Neue. Er hat auch mit dir einen neuen Anfang gesetzt. Er will durch dich neue Worte, neue Gedanken, neue Lösungen in diese Welt bringen. Gestalte dein Leben neu, so wie der ewig neue Gott es dir zutraut.

Werde fähig, dein eigenes Leben zu leben, damit es zu einer inspirierenden Quelle für andere wird. Hab den Mut, dein eigenes Leben zu leben. Du bist nicht festgelegt durch das Rad deiner Lebensmuster, die sich mit ihren spitzen Nägeln in dich einbohren. Ein Engel wird auch deine Lebensräder zerstören, damit du dein eigenes Leben leben kannst. Du bist nicht dazu verdammt, die Situationen des Verletztwerdens aus deiner Kindheit zu wiederholen. Das Rad ist zerbrochen. Du bist frei. Nun lebe aus der Weisheit, die Gott auch dir geschenkt hat.

STEH ZU DIR

Wir alle haben unsere Schattenseiten. Welcher „Drachen" zieht gegen dich zu Felde, welche negative Kraft droht dich zu verschlingen? Sind es depressive Gefühle oder Menschen, gegen die du dich nicht wehren kannst, weil sie deine hilflose Seite ansprechen? Auch in dir selber ist die Kraft. Du selber kannst dich wehren. Sich wehren heißt nicht, dass du einen Machtkampf mit dem führst, der dich bedroht. Es geht darum, standhaft zu sein, in dir zu stehen, zu dir zu stehen. Und du brauchst die Aggression, um dich zu wehren, damit die Angriffe des andern dich nicht verletzen. Wenn du mit deiner inneren Kraft in Berührung bist, dann haben Menschen keine Macht über dich. In dieser Kraft kannst du all die Gedanken und Gefühle aus dir herauswerfen, die dich nach unten ziehen möchten.

Wir alle brauchen einen festen Stand. Um die eigene Standfestigkeit zu spüren, kannst du folgende Übung machen: Stelle dich gut hin, die Füße etwa in Hüftbreite auseinander. Sage dir vor: „Ich habe Stehvermögen. Ich kann für mich einstehen. Ich stehe zu mir." Spüre in dich hinein, ob die Sätze mit deinem Stehen übereinstimmen. Dann stelle dich ganz eng hin, mit hochgezogenen Schultern und sage die gleichen Sätze. Und dann stelle dich ganz breit hin, so wie die Cowboys in den Wildwestfilmen, und meditiere dich in diese Sätze hinein. Du wirst sehen, dass die beiden letzten Haltungen den Sätzen widersprechen. Wer einen zu engen Standpunkt hat, wer ängstlich an sich festhält, der kann nicht wirklich fest stehen. Und wer seine Stärke demonstrieren will, indem er sich allzu breitbeinig hinstellt, merkt gar nicht, wie leicht er umgestoßen werden kann. Wer in sich bzw. in Gott ruht, der steht fest, ohne sich festzukrallen. Er ist in sich klar. Er ist, wie er ist. Und dazu steht er. Darauf kann man sich verlassen.

GEDANKEN ZULASSEN

Die vielen psychischen Ursachen für die Ruhelosigkeit des Menschen zeigen, dass die Unruhe nicht allein durch äußere Veränderungen verwandelt werden kann. Nur wer sich in aller Ruhe seiner Unruhe stellt, die Ursachen anschaut und nach Wegen sucht, mit sich selbst in Einklang zu kommen, wird die Ruhe finden, nach der er sich sehnt.

Wenn ich meine innere Unruhe aushalte und sie genauer anschaue, kann ich vielleicht entdecken, was sich in ihr regt. Da spüre ich, dass sie einen Sinn hat. Die Unruhe möchte mich von der Illusion befreien, ich könnte mich selbst durch Disziplin verbessern und in den Griff bekommen. Die Unruhe zeigt mir meine Ohnmacht. Wenn ich mich damit aussöhne, reinigt das die Seele und gibt neue innere Klarheit. Ich spüre mitten in meiner Unruhe einen tiefen Frieden. Die Unruhe darf also sein.

Wir sind nicht für die Gedanken verantwortlich, die in uns auftauchen, sondern nur dafür, wie wir mit ihnen umgehen. Wir sind also nicht schlecht, wenn Gedanken uns bedrängen. Denn nicht wir denken diese Gedanken, sondern sie kommen von außen auf uns zu. Diese Unterscheidung zwischen uns als Person und den Gedanken, die in uns einströmen, gibt überhaupt erst die Möglichkeit, mit den Gedanken richtig umzugehen. Da werden wir uns nicht gleich beschuldigen, wenn etwa Hass oder Eifersucht in uns sind. Wir werden vielmehr überlegen, wie wir darauf so reagieren können, dass sie uns nicht beherrschen.

ENTTÄUSCHUNG ALS CHANCE

Zu unserem Leben gehören Enttäuschungen: Unsere Familie enttäuscht uns, unser Beruf enttäuscht uns. Wir sind von uns selbst enttäuscht. Wir haben uns Illusionen gemacht über uns und die andern. Wir haben uns getäuscht. Das zu erkennen ist schmerzlich. Und viele weichen dieser schmerzlichen Erkenntnis lieber aus. Aber dann sind sie ständig auf der Flucht vor sich selbst. Dann kommen sie nie zur Ruhe. Wenn wir uns unserer Sehnsucht stellen, dann können wir uns damit aussöhnen, dass unser Beruf unsere Erwartungen nicht erfüllt. Dann sind wir einverstanden mit uns selbst, mit unsern Fehlern und Schwächen. Wir müssen uns selbst ja gar nicht genügen.

Vor etwa 30 Jahren habe ich einmal ein Sensitivity-Training gemacht. Dabei kam ich mit den unerfüllten Bedürfnissen meiner eigenen Kindheit in Berührung. Das hat eine Krise bei mir ausgelöst. Ich hatte das Gefühl, zu kurz gekommen zu sein. Doch als ich im Urlaub einmal allein an einem See saß und auf die Wellen schaute, überkam mich auf einmal ein tiefer Friede. Ich konnte auf einmal einverstanden sein mit all den unerfüllten Bedürfnissen. Ich konnte mir sagen: „Es ist gut, dass du nicht satt geworden bist. Das hält dich wach und lebendig, das hält dich offen auf Gott hin. Vielleicht wärst du sonst auch verbürgerlicht, vielleicht hättest du so einigermaßen zufrieden dahingelebt. Aber du hättest deine eigentliche Berufung nie entdeckt." Ich sehe meine Berufung darin, die Sehnsucht in meinem Herzen wach zu halten, damit ich auf Gott hin offen bleibe und damit mein Herz weit wird auch gegenüber den Menschen. Das weite Herz hat Raum für die Menschen. Es verurteilt nicht. Es hat das Leben mit seinen Enttäuschungen und Desillusionierungen erfahren und angenommen. Aber es hat sich nicht zusammengezogen, sondern die Enttäuschungen als Absprung in die Weite Gottes genommen. Gerade indem es sich ehrlich seiner Situation gestellt hat, ist die Sehnsucht nach Gott in ihm gewachsen. Es ist dabei selber weit geworden.

ENTDECKE DEIN WAHRES GESICHT

Ein Grundsatz für unseren Lebensweg ist: „Lass dich nicht von andern bestimmen. Lass dir nicht von andern vorschreiben, welchen Weg du zu gehen hast. Geh deinen eigenen Weg. Werde du selbst. Entdecke deine ursprüngliche und unverfälschte Gestalt, die Gott dir zugedacht hat. Und hab Mut, das Ursprüngliche in dir zu leben. Wer warst du, bevor dich deine Eltern erzogen haben? Wer warst du in Gott, bevor du geboren wurdest?" Erinnere dich an deinen göttlichen Kern. Wenn du mit ihm in Berührung kommst, kannst du in Freiheit deinen eigenen Weg gehen.

Nicht immer zeigen wir unser wahres Gesicht, wir kennen es oft nicht einmal. Dabei ist gerade dies unsere Lebensaufgabe: Entdecke dein wahres Gesicht! Mach dich frei von allen krankmachenden Bildern, die du je in deiner Lebensgeschichte erfahren hast, von falschen Selbstbildern und von kranken Gottesbildern. Wenn du durch Jesu Antlitz dein ursprüngliches Gesicht erkennst, dann wird durch dich eine heilende Wirkung auf deine Umgebung ausstrahlen. Lerne in jedem Menschen das Antlitz Jesu zu entdecken. Wer das Antlitz Jesu in einem Menschen sieht, der hilft ihm, frei zu werden von den Bildern, die ihm übergestülpt wurden und die sein wahres Wesen verstellen. Versuche, die Menschen in Berührung zu bringen mit ihrem unverfälschten Bild und sie so zu ihrem wahren Selbst zu führen.

VOM SINN DER ANGST

Angst hat einen Sinn und will mir etwas sagen. Ohne Angst hätte ich auch kein Maß, da würde ich mich ständig überfordern. Aber oft blockiert sie mich auch. Wenn ich dann mit der Angst rede, kann sie mich auf eine falsche Lebenseinstellung hinweisen. Oft rührt die Angst von einem Perfektionismusideal her. Ich habe Angst, mich zu blamieren, einen Fehler zu machen. Ich traue mich nicht, in der Gruppe zu reden, aus Angst, ich könnte stottern, oder die andern könnten es nicht gut finden. Ich habe Angst vorzulesen, weil ich stecken bleiben könnte. Hier weist die Angst immer auf übertriebene Erwartungen hin.

Auf dem Hintergrund des Perfektionismus steht die tiefsitzende Angst vor der eigenen Wertlosigkeit. Man möchte seinen Wert beweisen, indem man immer mehr arbeitet. Aber selbst wenn man einmal gelobt wird, ist es einem zu wenig. So tut man immer mehr, weil die Sehnsucht nach Bestätigung maßlos ist. Man hat nie genug mit der Anerkennung, die man bekommt. So arbeitet man sich zu Tode und findet doch nie den inneren Frieden.

Letztlich ist es Stolz, der Angst bewirkt. So könnte ich das Gespräch mit meiner Angst zur Demut führen. Ich könnte mich aussöhnen mit meinen Grenzen, mit meinen Schwächen und Fehlern: „Ich darf mich blamieren. Ich muss nicht alles können."

Es gibt aber auch Ängste, die nicht auf eine falsche Lebenshaltung hinweisen, sondern die notwendigerweise mit dem Menschsein verbunden sind. Da ist die Angst vor der Einsamkeit, die Verlustangst, die Angst vor dem Sterben. In jedem Menschen ist ein Stück weit die Angst vor dem Tod. Bei manchen kommt sie jedoch oft bedrohlich hoch. Es wäre dann wichtig, mit der Angst zu sprechen: „Ja, ich werde auf jeden Fall sterben." Die Angst kann mir helfen, mich mit dem Tod auszusöhnen, einverstanden zu sein, dass ich sterblich bin. Wenn ich der Angst auf den Grund gehe, sie zulasse, so kann ich mitten in der Angst einen tiefen Frieden spüren. Die Angst wandelt sich in Gelassenheit, Freiheit und Frieden.

HINTER DER FASSADE

Der atheistische Philosoph Ernst Bloch hat in einem Interview an seinem 90. Geburtstag gesagt: „Ich habe in meinem Leben herausgefunden, dass die Sehnsucht die einzig ehrliche Eigenschaft des Menschen ist." In allem kann der Mensch lügen. In alles kann sich etwas Unechtes und Falsches einschleichen. Die Liebe kann geheuchelt sein. Die Höflichkeit nur anerzogen. Das Helfen kann aus egoistischen Motiven erfolgen. Aber bei der Sehnsucht kann der Mensch nicht manipulieren. Der Mensch ist seine Sehnsucht. Ich erlebe häufig Menschen, die alles, was sie tun, in den schönsten Farben zeichnen müssen. Wenn sie vom Urlaub erzählen, dann war alles wunderbar. Wenn sie einen Kurs besucht haben, dann war das die tiefste Erfahrung, die sie je gemacht haben. Manchmal habe ich den Verdacht, dass sie alles in so rosiges Licht tauchen müssen, um ihre Enttäuschung zu verbergen. Eigentlich ist ihr Leben durchschnittlich. Im Urlaub gab es viele Missverständnisse mit dem Ehepartner. Aber nach außen hin muss man davon schwärmen. Man muss sich gleichsam beweisen, dass alles, was man tut, richtig ist. Aber hinter der Fassade sieht es ganz anders aus.

Die Sehnsucht lässt mich mein Leben ehrlich anschauen. Ich muss nicht übertreiben. Ich muss den andern nicht beweisen, wie tief meine Erfahrungen sind und welche Riesenfortschritte ich auf meinem inneren Weg mache. Ich nehme mich so, wie ich bin, durchschnittlich, aber doch auch suchend, ringend, erfolgreich und erfolglos, sensibel und unsensibel, spirituell und zugleich oberflächlich. Ich darf mein Leben so anschauen, wie es wirklich ist. Denn meine Sehnsucht geht über dieses Leben hinaus. In der Sehnsucht manipuliere ich nicht. Die Sehnsucht ist einfach da. Und nur dort, wo die Sehnsucht ist, ist wirkliches Leben. Nur dort, wo ich mich meiner Sehnsucht stelle, bin ich auf der Spur des Lebens, entdecke ich meine eigene Lebendigkeit. Und auf der Spur der je größeren Lebendigkeit entdecke ich Gott. Spiritualität – und die Kunst eines tieferen Lebens – besteht für mich darin, der Spur meiner eigenen Lebendigkeit zu folgen, meiner Sehnsucht zu trauen und mich von ihr in die Weite und in die Freiheit, in die Liebe und in die Lebendigkeit führen zu lassen.

HÖR AUF DIE TRÄUME

In den Träumen spricht Gott zu mir, er weist mich auf die eigene Wahrheit hin, auf Seiten in mir, die ich verdrängt habe. Und er zeigt mir immer wieder den Weg, den ich gehen muss. In den Träumen gibt mir Gott Weisung für meinen Weg. Und er verlangt meinen Gehorsam seinen Weisungen gegenüber. Er zeigt uns, wie wir uns entscheiden sollen, und hilft uns so, eine Orientierung in unserem Leben zu finden. In der klaren Weisung liegt etwas Befreiendes, Eindeutiges. Der Traum ist keine Gedankenspielerei, sondern er geht uns unbedingt an. Er hat Auswirkungen auf unser Tun, er verwirklicht sich in konkreten Taten in dieser Welt, ja er bestimmt wichtige historische Entscheidungen und Entwicklungen. Er setzt ein Geschehen in Gang, das Folgen hat. Es gibt Träume, in denen ich mit der eigenen Wahrheit konfrontiert werde, aber manchmal sind es auch religiöse und numinose Träume, in denen ein Licht aufleuchtet oder Gott mich anspricht. Die Träume zeigen mir, dass es nicht nur darauf ankommt, korrekt zu leben, sondern den Reichtum und die Weite meiner Seele zuzulassen, mich von Gott immer wieder auf meinen eigenen Weg führen zu lassen. Sie sagen uns, wann wir zu neuen Ufern aufbrechen und wann wir wieder heimkehren sollen.

Manchmal zeigt sich uns im Traum auch eine ganz andere Welt, eine Welt voller Lebendigkeit und Buntheit. Gerade bei Menschen, die in einer sehr eingeengten Umwelt leben, die von andern bestimmt und drangsaliert werden, eröffnet sich eine solche Weite, in der sich der Träumende frei und voller Phantasie fühlt. Der Traum zeigt uns dann den inneren Schatz, den uns niemand rauben kann.

BLICK NACH INNEN

„Wer nach außen schaut, träumt. Wer nach innen blickt, erwacht." Kaum jemand hat so viel über den Sinn von Träumen und über den Weg der Selbstwerdung nachgedacht, wie der Schweizer Tiefenpsychologe C. G. Jung, von dem dieser nur auf den ersten Blick paradoxe Satz stammt.

In der Geschichte des Christentums gibt es zahlreiche Erweckungsbewegungen. Das sind Bewegungen von Menschen, die von sich behaupten, dass sie aufgewacht sind. Paulus fordert die Römer auf: „Die Stunde ist gekommen, aufzustehen vom Schlaf." (Röm 13,11) Er versteht christliches Leben als Aufwachen aus dem Schlaf, sich bewusst dem Heil zuwenden, das Gott uns in Christus angeboten hat.

C. G. Jung hat ein eigenes Verständnis von Aufwachen entwickelt. Wer nur nach außen schaut, der lebt letztlich in einer Traumwelt. Er macht sich etwas vor. Er sieht nicht das Eigentliche. Erwachen heißt, nach innen schauen, in die Seele schauen. Nach innen schaut, wer auf seine Träume achtet, auf die Bilder, die im Traum aufsteigen und die ihm Wesentliches über seine Seele offenbaren. Nach innen schaut, wer auf die leisen Impulse achtet, die in seinem Herzen ertönen, sobald er still wird und schweigend horcht auf das, was ihm das Herz sagt. Wir meinen oft, introvertierte Menschen würden träumen. Sie hätten keinen Bezug zur Wirklichkeit.

Doch C. G. Jung beschreibt mit seinem Satz nicht introvertierte Menschen, die sich in sich selbst zurückziehen, sondern Menschen, die ganz in der äußeren Wirklichkeit stehen, es aber dennoch wagen, nach innen zu blicken. Jung hat es am eigenen Leib erfahren. Als erfolgreicher Psychiater kam er selber in eine tiefe Krise. Sie zwang ihn, nach innen zu schauen, den Abgründen seiner Seele nicht auszuweichen. Und gerade die Zeit, in der er wenig nach außen wirken konnte, sondern sich den inneren Bildern stellen musste, haben ihn zu den wesentlichen Einsichten geführt und ihn zu einem der einflussreichsten Psychiater des letzten Jahrhunderts werden lassen.

INTEGRATION BEREICHERT

Wir sind alle darauf angewiesen, unseren Schatten zu kennen und anzuschauen. Du erkennst deinen Schatten und lernst dich dadurch besser kennen, wenn du deine Überreaktionen anschaust. Immer wenn du unangemessen reagierst, spielt das Verdrängte in dir eine Rolle dabei. Oder beobachte dich, über wen und über welche Fehler du gerne schimpfst. „Was nicht in uns ist, das regt uns auch nicht auf", sagt Hermann Hesse. Den Schatten integrieren heißt nicht, alle Wünsche und Bedürfnisse, die du in den Schatten gedrängt hast, jetzt auf einmal zu leben. Der Schatten muss zuerst anerkannt werden. Erst wenn du ihm deine Liebe zuwendest, wird der Schatten anfangen, dir zu dienen. Er wird dich von deiner Einseitigkeit befreien. Deine verdrängte Aggression wird dir helfen, dich besser abzugrenzen. Deine verdrängten Bedürfnisse werden dich lehren, gut mit dir umzugehen. Manche haben Angst, der Schatten würde sie beherrschen, sobald sie ihn integrieren. Die Wahrheit ist: Der Schatten, den du integrierst, wird auch dir dienen und dein Leben bereichern.

SEI GUT ZU DIR

Sei gut zu dir selber, das heißt in erster Linie: Geh barmherzig mit dir um. Gut zu mir sein bedeutet nämlich: mit mir selbst zu fühlen. Es heißt, mich dem verletzten Kind in mir verbunden zu fühlen und Mitleid mit ihm zu haben. Auf die eigenen inneren Wunden mit dem mitfühlenden Blick des Herzens zu sehen, mit der Zuwendung eines herzlichen Mitgefühls zu reagieren. Nicht gegen meine eigenen Schwächen zu wüten, sondern sich ihnen liebevoll zuzuwenden und mit ihnen zu fühlen. Nur unter einem zärtlichen Blick wird sich ihre Armseligkeit wandeln. Gut zu sich zu sein meint also nichts anderes, als mein eigenes Herz zu öffnen gegenüber dem, was in mir unglücklich und einsam ist. Wenn ich die Kunst lerne, mit dem Armseligen in mir herzlich und barmherzig umzugehen, kann gerade dieses Armselige zu einer Quelle des Segens – und einer Quelle tieferen Glücks werden.

Gut zu sich selber sein, das heißt nicht, sich immer und überall zu entschuldigen und seine eigenen Fehler nicht zu sehen. Aber auch nicht das Gegenteil: Es tut keinem gut, sich immer nur selber zu beschuldigen, sich in Schuldgefühlen zu zerfleischen und an sich immer nur das Schlechte zu entdecken.

Lerne zu akzeptieren, dass du kein Held bist. Lass dich nicht lähmen durch deine Fehler und Schwächen. Schau sie an, verdränge sie nicht, akzeptiere, dass du fehlbar bist – und arbeite an deinen Schwächen. Aber verbeiße dich nicht in sie. Lass sie los. Wenn Gott dir vergibt, darfst auch du dir vergeben. Sei barmherzig mit dir selber.

EIN SANFTER WEG

Ich kann nicht beten, ohne meiner eigenen Wirklichkeit zu begegnen. Im Gebet begegne ich meinen Schattenseiten, meiner verdrängten Wut, meiner Enttäuschung, den Verletzungen meiner Lebensgeschichte, meiner Angst, meiner Unzufriedenheit, meiner Traurigkeit, meiner Einsamkeit. Beten heißt für mich, meine Wahrheit Gott hinzuhalten. Nur wenn ich mich so hinhalte, wie ich bin, werde ich im Gebet inneren Frieden und Ruhe erfahren. Was ich Gott vorenthalte, das fehlt mir an der eigenen Lebendigkeit. Ich werde ihn nicht erfahren können, wenn ich ihm nur meine frommen Seiten hinhalte. Wenn mir jemand erzählt, dass er Gott nicht spürt, frage ich ihn immer: Spürst du dich denn selber? Du kannst ihn gar nicht spüren, wenn du dich selbst nicht spürst. Halte auch deine dunklen Seiten Gott hin, dann wird es zwischen dir und Gott hin- und herfließen.

Wenn ich alles, was in mir ist, Gott hinhalte, darf ich erfahren, dass ich bedingungslos geliebt bin. Ich erfahre eine heilende und liebende Gegenwart, die mich einhüllt. Gott beurteilt und verurteilt mich nicht und befreit mich so von meiner eigenen urteilenden Instanz in mir, von dem überkritischen Über-Ich, das alles in mir bewertet. Beten heißt, alles Bewerten aufzugeben und kindlich zu vertrauen. Ich weiß mich angenommen. Das hilft mir, mich selbst anzunehmen und lieben zu lernen. Wenn ich mich ganz und gar geliebt weiß, dann bin ich in meiner Zerrissenheit schon heil und ganz. Seine Liebe hält das Zerrissene und Widerstrebende zusammen. Wenn ich Gottes Liebe in meine Wunden hineinhalte, anstatt selbst immer wieder neu in meinen Wunden zu wühlen, dann können die Wunden ausheilen. Heute gibt es die Tendenz, sehr aggressiv mit seinen Wunden umzugehen, sie alle zu analysieren, sie aufzudecken, sie zu bearbeiten. Das Gebet ist ein sanfterer Weg. Ich schaue meine Wunden an, ohne sie aufzukratzen. Ich vertraue darauf, dass eine heilende Liebe meine Wunden berührt und durchdringt. Dann erfahre ich mich mit meinen Wunden heil und ganz.

ES LOHNT SICH, DIE TAGE ZU LEBEN

NIMM DIR ZEIT –
GIB DEINER SEELE ATEM

ALLES HAT SEINE ZEIT

„Ihr habt die Uhren, wir haben die Zeit." Ein alter Indianer soll dies einem forschen weißen Geschäftsmann zur Antwort gegeben haben. Hinter dieser Antwort steckt eine tiefe Einsicht darüber, wie wir mit den Anforderungen und den Möglichkeiten des Lebens umgehen. Und es wird auch deutlich, wie sehr ein mechanisches und ein spirituelles Verständnis von Zeit gegeneinander stehen.

Die Griechen unterscheiden zwischen *chronos* und *kairos*. Chronos ist die messbare Zeit. Nicht umsonst sprechen wir vom Chronometer, vom Zeitmesser. Im Westen unterwerfen wir uns der messbaren Zeit. Wir machen minutengenaue Termine aus, schauen ständig auf die Uhr, ob der andere seinen Termin auch pünktlich wahrnimmt, ob wir selbst auch zur vereinbarten Zeit eintreffen. Alles muss in einer ganz bestimmten Zeit bewältigt werden. Die messbare Zeit zwingt uns, unser Leben in ein enges Korsett zu zwängen. Der Gott des Chronos ist ein Tyrann.

Die Indianer huldigen eher dem Gott Kairos. Kairos ist der günstige Augenblick, die willkommene Zeit. Während *chronos* die quantitative Zeit meint, bezeichnet *kairos* eine besondere Qualität der Zeit. Es ist der zu ergreifende Augenblick, auf den ich mich einlasse, in dem ich ganz da bin. Die Indianer verstehen unter Zeit offensichtlich den rechten Augenblick. Sie lassen sich Zeit. Sie genießen die Zeit. Sie erfahren die Zeit. Wer sich dem Diktat des Chronos unterwirft, der erfährt die Zeit nicht als etwas Willkommenes und Wohltuendes, sondern als Tyrannei. Die Indianer nehmen die Zeit wahr. Wenn ich ganz im Augenblick bin, dann erfahre ich die Zeit. Dann steht die Zeit manchmal still. Und ich erfahre, dass jetzt der rechte Zeitpunkt ist, entweder innezuhalten oder etwas zu tun, etwas wachsen zu lassen oder etwas zu entscheiden. Von dieser Zeit sagt der alttestamentliche Weise, der im Buch Kohelet die Weisheit Griechenlands mit der Weisheit Israels verbunden hat: „Für jedes Geschehen unter dem Himmel gibt es eine bestimmte Zeit: eine Zeit zum Gebären und eine Zeit zum Sterben, eine Zeit zum Pflanzen und eine Zeit zum Abernten der Pflanzen, eine Zeit zum Töten und eine Zeit zum Heilen, eine Zeit zum Niederreißen und eine Zeit zum Bauen, eine Zeit zum Weinen, eine Zeit für die Klage und eine Zeit für den Tanz." (Koh 3,1–4)

SPÜRE DIE ZEIT

„Alle versuchen, die Zeit totzuschlagen. Und keiner will sterben." Es ist ein paradoxer Satz, den dieses französische Sprichwort formuliert. Wir schlagen die Zeit tot. Aber indem wir die Zeit totschlagen, wollen wir dem Tod selber aus dem Weg gehen. Wir schlagen die Zeit tot, um dem Tod nicht begegnen zu müssen. Der eine schlägt die Zeit tot, indem er von einem Fernsehprogramm zum andern hüpft, der andere, indem er seine Zeit mit leeren Aktivitäten voll stopft. Der eine weicht der Zeit aus, indem er sich dem Gerede hingibt. Man redet über Belangloses, nur damit die Zeit vergeht. Man möchte die Zeit nicht spüren, weil man mit der Zeit auch ihre Begrenztheit wahrnehmen würde. In der Begrenztheit schaut der Tod in unsere Zeit hinein. Er ist die eigentliche Grenze für unsere Zeit. Wir schlagen lieber die Zeit tot, als dem Tod in die Augen zu schauen. Doch nur wer sich dem Tod stellt, wird die Zeit bewusst wahrnehmen und erleben.

Der Tod zeigt uns, worauf es wirklich ankommt. Wir können nichts mitnehmen, weder unsern Erfolg, noch unsern Besitz, noch die Menschen, die wir lieben. Wir können nur unsere leeren Hände ausstrecken und uns in liebende Arme fallen lassen. Im Angesicht des Todes können wir gelassen leben, im richtigen Abstand zu den Dingen. Unsere Arbeit, unser Besitz, die Menschen um uns herum, alles erhält sein richtiges Maß. Mit dem Tod leben heißt auch, bewusst und ganz in der Gegenwart leben, spüren, was Leben im letzten ist: ein Geschenk. Es kommt nicht auf unsere Leistung an.

Lebendige Zeit gelingt also nur dem, der den Tod wahrnimmt.
Tot wird die Zeit, wenn der Tod verdrängt wird.

ENTSCHLEUNIGEN

„Wer vertraut, wird nichts beschleunigen wollen" (Jesaja 28,16).

Nicht nur in der Wirtschaft, in allen Bereichen der Gesellschaft wird immer mehr beschleunigt. Weise Menschen setzen dagegen auf Entschleunigung. Dahinter steht die Erkenntnis, dass der Mensch krank wird, wenn sein Leben immer schneller wird. Der Prophet Jesaja hat schon vor 2 700 Jahren erkannt, dass der Grund aller Beschleunigung und Hast mangelndes Vertrauen ist. Wer vertraut, der lässt die Dinge, wie sie sind. Er traut dem Wachstum, das im Wesen der Dinge liegt. Die Pflanze wächst nach ihrem inneren Gesetz. Auch der Mensch hat seinen Rhythmus, der für sein Leben passt. Wenn dieser Rhythmus immer schneller wird, kommt die Seele nicht nach. Sie wird verwirrt. Wer meint, er müsse immer schneller werden, wird letztlich von der Angst getrieben. Die Angst ist die Triebfeder der Beschleunigung. Wer Angst hat, kann nicht stehen bleiben. Er kann nicht warten. Er kann nicht zuschauen. Er muss alles selbst in die Hand nehmen, weil er meint, sonst würden sich die Dinge seiner Hand entziehen. Er misstraut allem, was er nicht selber tut. Und er hat Angst vor den kleinen Unterbrechungen des Alltags. Da würde er ja mit sich selbst konfrontiert. Doch das kann er nicht aushalten, also muss er immer tätig sein, immer etwas in der Hand haben, was er vor sein Herz halten kann, damit er die Unruhe und Ängstlichkeit seines Herzens nicht wahrnimmt.

GESCHENKTE ZEIT

„Man verliert die meiste Zeit damit, dass man Zeit gewinnen will."
Es war ein kluger Mann, der das gesagt hat.

Zeit ist Geld. Das ist unser heutiges Motto. Die Arbeit wird nach Minutentakt eingeteilt. In die kurze Arbeitszeit wird alles hineingepackt, damit sie möglichst effektiv wird. Doch mit der gewonnenen Zeit können die meisten Menschen nichts anfangen. Sie können die Zeit nicht genießen, sondern packen in ihre Freizeit möglichst viele „events" hinein. Es muss auch in der Freizeit etwas los sein. Man muss die Zeit nützen. Doch wenn man beobachtet, womit die Zeit genutzt wird, so merkt man, dass es entweder andere Tätigkeiten sind oder aber Vergnügen. Doch bei den vielen Aktivitäten kommt oft nichts heraus. Und die Vergnügen verhelfen nicht wirklich zur Ruhe. Auch in der Freizeit findet der Mensch keine Ruhe. Er lenkt sich nur ab. Er läuft vor der eigenen Wahrheit davon. Ruhe findet nur, wer sich seiner inneren Wirklichkeit stellt und sie bejaht, wie sie ist. Wer Zeit wirklich gewinnen will, muss keine Zeitstrategien entwickeln, wie es im heutigen Management üblich ist. Derjenige gewinnt vielmehr am meisten Zeit, der in jedem Augenblick ganz präsent ist. Für den gibt es keine verlorene Zeit. Für den ist jede Zeit erfüllte Zeit. Ganz gleich, ob er arbeitet oder nichts tut, ob er liest oder Musik hört, ob er spazieren geht oder mit seinen Kindern spielt, er ist ganz in dem, was er tut. Er spürt das Geschenk der Zeit, für ihn ist alles geschenkte Zeit. Er muss die Freizeit nicht der Arbeitszeit abzwingen, für ihn ist jede Zeit freie Zeit, Zeit zu leben.

REIFEN LASSEN

„Nur der Geduldige erntet, was reif ist", so lautet ein afrikanisches Sprichwort. Was es besagt, gilt auch bei uns: Reifen braucht seine Zeit. Es gibt Früchte, die sehr langsam reifen. Das Korn braucht neun Monate, um heranzureifen. Der Mensch ist nur neun Monate im Mutterschoß, aber er braucht sein ganzes Leben lang, um reif zu werden. Ganz reif wird die Frucht des Menschen erst durch seinen Tod.

Das deutsche Wort „Geduld" kommt von „dulden = tragen, ertragen, auf sich nehmen". Mit dulden verbinden wir, dass jemand etwas Schweres auf sich nimmt, dass er Leid trägt. Geduld bedeutet jedoch heute eher: „Langmut, Ausharren, Warten". Die Italiener rufen einem Ungeduldigen zu: „Patientia". Dieses Wort hängt zusammen mit dem Italienischen „pati = leiden". Offensichtlich spiegeln die deutsche und italienische Sprache die Erfahrung wider, dass der, der warten muss, etwas Schweres auf sich nimmt. Was ist das Schwere, das der Geduldige trägt? Es ist kein Leid. Es ist nur die Zeit. Es ist die Zeit, in der er nichts tun kann als warten. Und das ist offensichtlich für viele Menschen das Allerschwerste. Sie meinen, jeden Augenblick im Griff zu haben, alles selber machen zu können. Geduldig sein heißt, einfach da sein, warten, bis etwas reif ist. Nur wer das Nichtstunkönnen, das Nichtssehen, das Ausgeliefertsein an die Prozesse des Wachsens und Reifens aushält, wird ernten können, was reif ist. Wir denken, die Afrikaner sind doch viel geduldiger als wir. Sie können warten. Sie können sich dem Augenblick hingeben, während bei uns alle Wünsche sofort erfüllt werden müssen. Doch offensichtlich kennen auch die Afrikaner ungeduldige Menschen, die nicht warten können, bis etwas reif ist. Es liegt wohl in der Natur des Menschen, dass er alles selber machen will. Im Warten trägt er schwer an seiner Ohnmacht, dass das Wachsen und Reifen nicht ihm gehorcht, sondern einem anderen, dem inneren Prozess oder Gott, der das Wachsen und Reifen bewirkt.

WER HETZT, DER HASST SICH SELBST

„Nimm dir Zeit – und nicht das Leben!" Was die Verkehrswacht als Motto – und als Aufforderung für bedächtiges Tempo beim Autofahren – formuliert hat, das birgt eine tiefere Wahrheit in sich. Wir dürfen uns die Zeit nehmen. Sie liegt uns bereit. Wir brauchen sie nur zu ergreifen, wir brauchen sie nur ganz bewusst zu erleben. Dann nehmen wir uns Zeit, dann genießen wir die Zeit. Sich das Leben nehmen hat im Deutschen eine andere Bedeutung: den Suizid. Wer sich keine Zeit nimmt, der verdirbt sich das Leben und oft genug bezahlt er seine Ruhelosigkeit und Hetze mit dem Leben. Wer hetzt, der hasst sich selbst. Er lebt nicht für sich, sondern gegen sich. Er verwechselt Leben mit Hast und Hetze. Das führt häufig zu Schlaganfall und Herzinfarkt. Das, was man mit der Hetze alles erreichen wollte, wird einem jählings aus der Hand gerissen. Wer sich dagegen Zeit nimmt, der hat mehr Zeit für das, was er im Leben verwirklichen möchte. Er wird ruhig an sein Ziel kommen. Er erlebt schon seine Lebensfahrt als Vergnügen und braucht sich nicht nach einer anstrengenden Fahrt zu erholen. Er holt sich in jedem Augenblick das, was er zum Leben braucht. Wer leben will, der muss sich Zeit nehmen. Ohne Zeit gibt es kein Leben. Das Leben vollzieht sich in der Zeit. Und nur wer sich auf seinen ihm angemessenen Zeitrhythmus einlässt, schwingt in das Leben ein, das für ihn stimmt.

Unruhe gehört zwar zu unserem Leben. Und sie treibt uns an, weiter zu wachsen, nicht zu früh uns zur Ruhe zu legen, sondern wirklich zu leben. Aber dann braucht es auch wieder Phasen der Ruhe, in denen sich etwas setzen kann. Sonst verselbständigt sich die Unruhe. Manchmal braucht die innere Unruhe gerade Zeiten der äußeren Ruhe, damit sie sich überhaupt zu Wort melden kann. Da bedarf es dann eines längeren Rückzugs, um die leisen Impulse zu hören, die einen beunruhigen und einem zeigen, dass das, was man gerade lebt, so nicht mehr stimmt.

IM RHYTHMUS LEBEN

„Wer die Nacht nicht ehrt, ist des Tages nicht wert." Dieses italienische Sprichwort enthält eine tiefe Weisheit: Die frühen Mönche haben die Nacht immer heilig gehalten. Die Nacht ist der Raum des Schweigens, in dem Gott zu mir sprechen möchte. Gott spricht zu mir im Traum und zeigt mir, wie es um mich steht oder welche Schritte mich zum Leben führen. Gott spricht zu mir, wenn ich nachts aufwache und nicht mehr schlafen kann. Im Schlaf tauchen wir nach einer jüdischen Tradition in die eigentliche Wirklichkeit ein. Wir werden angeschlossen an das göttliche Leben. Das nächtliche Schweigen gibt dem Schlaf und dem Traum einen helfenden und heiligen Raum. Die Stille der Nacht täte uns daher allen gut.

Für viele Menschen wird die Nacht heute zum Tag. Sie sitzen halbe Nächte vor dem Fernseher. Andere sind Nachtarbeiter. Sie kommen nicht ins Bett, weil sie dies oder jenes noch erledigen wollen. Andere bleiben bei einer gesellschaftlichen Runde einfach sitzen. Sie meinen, etwas zu verpassen, wenn sie ins Bett gehen. Wer kein Gespür hat für die Würde der Nacht – so meint das italienische Sprichwort –, der wird auch den Tag nicht gut bestehen. Er wird müde in den Tag hineinschlittern und nur halb mitbekommen, was am Tag geschieht. Er wird keinen Blick haben für das Geheimnis des Morgens, für die Frische des Morgens, die das Herz erquickt, für das Aufsteigen des Lichtes, das das Herz erhellt. Nur wer im Rhythmus des Tages und der Nacht lebt, erfährt das Geheimnis des Lebens.

Tag und Nacht sind Bilder für das Leben. Der Morgen hat eine eigene Qualität. „Morgenstund hat Gold im Mund", sagt das Sprichwort. Wer den Morgen bewusst erlebt, wird voller Schwung am Vormittag an die Arbeit gehen. Er wird die Müdigkeit des Mittags genießen und sich die Pause eines kurzen Mittagsschlafes gönnen. Er wird den Nachmittag mit seinen eigenen Stimmungen erfahren. Und er wird den Abend dankbar genießen, sich ausruhen von der Arbeit des Tages. Er wird am Abend Abschied nehmen vom Tag, um sich in Gottes gütige Hände fallen zu lassen. Wer den Rhythmus des Tages und der Nacht durcheinanderbringt, dessen Seele wird verwirrt. Er verliert das In-sich-Ruhen, das Sich-Hineinschwingen in den Rhythmus des Lebens.

EWIGKEIT IST JETZT

„Die Menschen verbringen ihre ganze Zeit mit Vorbereiten, Vorbereiten, Vorbereiten ... Nur um dem nächsten Leben dann völlig unvorbereitet zu begegnen." Das sagt der tibetische Weise Drakpa Gyaltsen über die Menschen im Westen.

Viele Menschen bereiten sich in der Tat ständig nur darauf vor, wirklich leben zu können, anstatt das Leben zu ergreifen, das schon da ist. Das Leben ist in jedem Augenblick. Wer ganz im Augenblick ist, der lebt jetzt schon. Doch oft benutzen wir unsere spirituellen oder auch psychologischen Techniken und Methoden lediglich dazu, uns für die Zukunft zu wappnen. Wir glauben, uns erst dann den heutigen Anforderungen stellen zu können, wenn wir unsere gesamte Vergangenheit aufgearbeitet haben. Doch manche bleiben in der Aufarbeitung ihrer Verletzungsgeschichte stecken. Sie kommen nie zum Leben. Andere bereiten sich durch gute Vorsätze darauf vor, irgendwann einmal gelassen und heiter leben zu können. Aber sie kreisen immer nur um die Vorsätze, die sie doch nicht erfüllen. Und sie kommen nie zur inneren Heiterkeit, die schon in ihnen bereitliegt. Sie bräuchten nur ihren ganzen Druck loszulassen, mit dem sie sich zwingen, die Voraussetzungen des Lebens zu erfüllen. Der Druck erzeugt kein Leben. Er behindert es nur.

Das Leben ist in jedem Augenblick gegenwärtig. Es liegt vor meinen Füßen. Ich muss es nur betreten. Ich brauche keine lange Vorbereitung. Der nächste Schritt ist ein Schritt ins Leben, wenn ich ihn bewusst vollziehe. Wer ganz im Augenblick lebt, der spürt hier und jetzt schon, dass Zeit und Ewigkeit zusammenfallen. Für den bricht die Ewigkeit in seine Zeit ein. Er hat jetzt schon ein Gespür für das ewige Leben, für das „nächste Leben". Er bezieht den Tod mit ein in sein Leben. Er denkt an den Tod nicht als etwas Zukünftiges, auf das er sich vorbereiten muss, sondern als etwas, das ihn jetzt einlädt, im Augenblick zu leben.

LEBE IN DER GEGENWART

„Wenn uns Verzweiflung überkommt, liegt das gewöhnlich daran, dass wir zu viel an die Vergangenheit und an die Zukunft denken": Verzweiflung kommt nach dieser Erkenntnis der heiligen Therese von Lisieux davon, dass wir zu viel an die Vergangenheit und Zukunft denken. Wenn wir ständig die Verletzungen der Vergangenheit betrachten, steigt in uns vielleicht Verzweiflung hoch über die Einsamkeit, die wir als Kind erfahren haben, über die Überforderung, über die Kränkung und die Demütigungen. Wir sollen die Vergangenheit nicht verdrängen. Aber es gibt auch ein Zuviel an Beschäftigung mit vergangenen Verletzungen. Genauso wenig hilft es uns, wenn wir ständig an die Zukunft denken: Wie wird sie sein? Werde ich den Anforderungen gerecht werden? Werde ich nicht krank, werde ich Krebs haben? Wird mein Ehepartner auch treu sein? Wird die Gemeinschaft mich tragen können? All diese Überlegungen um die Zukunft können mich in die Verzweiflung führen. Ich zweifle daran, dass die Zukunft gut wird. Ich male mir alles Schlimme aus. Und dann bleibt nicht nur der Zweifel, sondern die Verzweiflung, die völlige Hoffnungslosigkeit.

Der einzige Weg, der Verzweiflung zu entrinnen, besteht darin, in der Gegenwart zu leben. Wenn ich ja sage zum Augenblick, zu dem, was gerade ist, dann zerbreche ich mir nicht den Kopf um Vergangenheit und Zukunft. Der Augenblick ist kurz. Er ist nur gerade jetzt. Wenn ich mich auf diesen Augenblick einlasse und ganz gegenwärtig bin, dann hat die Verzweiflung keinen Raum, in den sie eindringen kann. Ich bin ganz in der Gegenwart. Ich bin nicht geteilt, nicht „zwiefältig", sondern eins. Und wer eins ist mit sich und dem Augenblick, der ist gefeit vor Zweifel und Verzweiflung.

WACH AUF ZUR WIRKLICHKEIT

„Seine Träume verwirklichen kann man erst, wenn man aus ihnen erwacht", hat ein lebenskluger Realist einmal gesagt. Jeder von uns kennt Lebensträume. Als Kind wollten wir einen ganz bestimmten Beruf ergreifen. In der Jugend träumten wir von einer großen Liebe. Auch heute träumen wir immer wieder, nicht nur von einem schönen Urlaub, sondern davon, dass unser Leben gelingt. Träume bringen uns mit den eigenen Möglichkeiten in Berührung. Das gilt nicht nur von den Nachtträumen, in denen wir unserer inneren Wirklichkeit begegnen, aber zugleich auch entdecken, welche Schritte wir gehen sollten, damit unser Leben stimmig wird. Vor allem gilt es von den Tagträumen, in denen wir uns in ein gelingendes Leben hineinträumen. Manchmal träumen wir uns da Luftschlösser zurecht. Sie bewegen nichts. Wir fliehen in die Tagträume, um der tristen Welt zu entrinnen. Doch solche Träume verwandeln uns nicht. Wir müssen erst aus den Träumen aufwachen. Wir müssen erst erkennen, dass wir geträumt haben und was sich uns in den Träumen dargeboten hat, welche Sehnsucht da in unseren Träumen zum Ausdruck kam. Dann können wir nüchtern überlegen, was sich von unseren Träumen realisieren lässt und wie wir es anstellen können, dass sie Wirklichkeit werden.

Mystik – so meint der spirituelle Autor Anthony de Mello – heißt Aufwachen zur Wirklichkeit. Manchmal schlafen und träumen wir, wir lullen uns ein in unsere Tagträume. Aber wir weigern uns aufzuwachen. Doch nur der Wache kann den Tag gestalten. Der andere lebt wie in einem Traum. Er lebt in einer eigenen Welt, ohne Berührung mit der Wirklichkeit und ohne dass er die Wirklichkeit beeinflussen und formen kann. Träume sind nicht Schäume. Sie zeigen uns Wesentliches in unserer Seele auf. Aber verwirklichen können wir die Träume nur, wenn wir bereit sind, aufzuwachen und uns der Wirklichkeit zu stellen, wie sie ist.

SPÜRE, WAS IST

Auch unser Alltag ist nicht immer aufregend. Lass dich auf das Gewöhnliche deines Alltags ein. Vertraue darauf, dass du dort alles findest, was du suchst. Es geht nicht um interessante Neuigkeiten, sondern das Spüren dessen, was ist. Nimm wahr, was ist. Werde dem gerecht, was die Wirklichkeit deines Lebens ausmacht. Dann wirst du erahnen, dass dich der Alltag zum Eigentlichen führt, zum reinen Gewahren des Seins. Und wenn du in Berührung bist mit dem, was ist, dann berührst du den Grund allen Seins. Wenn der Alltag zur Übung wird, wenn er zum Ort der Gottesbegegnung wird, dann verwandelt er sich.

Sei achtsam und behutsam mit dir selber. Und sei achtsam mit den Dingen, die dir anvertraut sind. Inneres und Äußeres sind aufeinander bezogen. Im Umgang mit den Dingen drückt sich deine innere Haltung aus. Wie du mit den Dingen umgehst, gehst du auch mit dir um. Wer den Blick verliert für die einfachen Dinge, dem wird sich auch der Blick verdunkeln für die inneren Regungen des Herzens.

DIE KUNST GESUNDEN LEBENS

Zu einer gesunden Lebenskultur gehören ganz alltägliche Dinge. Zum Beispiel, dass wir genügend an die frische Luft gehen. Manchmal ist das Gefühl von Depression, unter dem manche leiden, einfach dadurch bedingt, dass wir unsern Leib zu wenig spüren. Wir brauchen aber auch eine kultivierte Wohnung. Wenn wir nicht mehr die Kraft haben, unser Haus in Ordnung zu halten und unsere Wohnung wohnlich zu gestalten, dann müssen wir anderswo Heimat und Geborgenheit suchen. Auch Essen und Trinken gehören zu den Bereichen, die geformt werden müssen. Ich rede nicht einem übertriebenen Kreisen um gesunde Ernährung das Wort, sondern einer Kultur des Essens. Viele nehmen sich nicht mehr die Zeit, in aller Ruhe zu essen. Sie schlingen zwischendurch etwas herunter. Aber wenn wir nicht mehr Mahl halten können, wie sollten wir dann angemessen Gemeinschaft erfahren können? Auch das ausbalancierte Verhältnis von Bewegung und Ruhe ist zu bedenken: Manchmal haben wir das Gefühl, ausgesaugt zu werden von den vielen Menschen, die etwas von uns wollen. Da brauchen wir als Gegengewicht gesunde Rituale. Ich gestalte zum Beispiel den Morgen bewusst so, wie es mir gut tut. Die ersten Stunden des Tages gehören mir. Und ich beschließe den Tag mit einem Ritual und drücke damit aus, dass es mein Tag war, ein Tag, der mir geschenkt wurde und den ich dem wieder zurückgebe, der mir die Zeit meines Lebens schenkt. Viele kommen aus einem stressreichen und hektischen Arbeitstag nach Hause und haben nicht Kraft und Lust zu etwas Sinnvollem. Sie stopfen dann den Ärger zu mit Essen, Trinken oder Fernsehen und gehen müde ins Bett. Das ist zwar auch ein Abendritual. Aber es tut uns nicht gut. Der unterdrückte Ärger wird sich im Schlaf im Unbewussten austoben. Und wir am nächsten Tag aufstehen mit einem diffusen Gefühl von Unzufriedenheit. Ein gesundes Abendritual gibt uns das Gefühl für das Geheimnis der Nacht, dass wir im Schlaf eintauchen in den göttlichen Wurzelgrund, dass Gott selbst zu uns im Traum reden möchte. Jeder Tag, ja das ganze Leben ist also Teil dieser Kunst des rechten Lebens. Alles ist von einer spirituellen Kraft zu formen, einer Kraft, die uns gut und gesund leben lässt.

RITUALE ÖFFNEN DEN HIMMEL

Erhart Kästner schreibt in seinem Buch „Stundentrommel" über die Riten, die er bei den Mönchen auf dem Berg Athos beobachtet: „Neben dem Drang, die Welt zu gewinnen, liegt ein eingeborener Drang, immer Selbes aus uralten Formen zu prägen. In Riten fühlt sich die Seele wohl. Das sind ihre festen Gehäuse ... Der Kopf will das Neue, das Herz immer dasselbe." Was Kästner bei den Mönchen des Heiligen Berges beschreibt, gilt für uns alle: Ein gelingendes Leben braucht immer wieder Halt und immer wieder Anregungen. Rituale können beides geben. Heilende Rituale sind ein Weg, wie der Mensch mitten im Getriebe des Alltags und in der Ortlosigkeit dieser Welt einen Raum zum Wohnen findet, wie er mitten in der Hektik einen Ort des Ausruhens entdeckt. Rituale öffnen immer wieder den Himmel über uns. Sie verheißen uns, dass unser Leben gelingt. Und sie helfen uns, selber zu leben, anstatt von außen gelebt zu werden. Sie geben Vertrautheit, Klarheit, Sicherheit – das Gefühl der eigenen Identität: Es ist mein Leben, das ich lebe. Wenn wir Angst haben, alles nicht mehr schaffen und im Strudel der Arbeit unterzugehen, dann sind Rituale eine Hilfe, Geborgenheit zu vermitteln mitten in der Ungeborgenheit unserer Zeit. Rituale sind auch deswegen gesund, weil sie Lust am Leben vermitteln. Ich erfahre in sinnlichen Ritualen ganz konkret: Es ist mein Leben, das ich lebe.

NICHT ÜBERSPANNEN

Gut mit sich umzugehen heißt nicht, dass man sich selbst verwöhnt. Es heißt nicht, dass man sich von seinen Wünschen und Bedürfnissen abhängig macht. Sein Leben zu gestalten, heißt nicht, seinen Launen nachzugeben. Im Gegenteil: Wer sich seinen Launen ausliefert, entwickelt keine Stärke. Wer jedem Wunsch nachgibt, wird auf Dauer nicht zufriedener. Askese und Disziplin – im rechten Maß geübt – gehören zu einem guten Leben. Sie vermitteln die Erfahrung, dass wir unser Leben selbst gestalten, dass wir selber leben, anstatt gelebt zu werden.

Amma Synkletika meint von der übertriebenen Askese: „Es gibt eine überspannte Askese, die vom Feinde ist. Denn auch seine Schüler üben sie. Wie nun unterscheiden wir die göttliche, die königliche Askese von der tyrannischen, dämonischen? Offenkundig durch das Maß".

Askese darf also nicht zu einem Wüten gegen sich selbst werden. Dann würde sie uns nur schaden. Von Abbas Poimen stammt das Wort: „Alles Übermaß ist von den Dämonen".

GANZ GEGENWÄRTIG

„Ewigkeit ist, wenn es nicht mehr an Gegenwart fehlt." (Boethius)

Ewigkeit ist keine lange Zeit, die nie ein Ende findet. Ewigkeit ist erfüllte Zeit. Ewigkeit bricht in unsere Zeit ein, wenn wir ganz im Augenblick sind oder, wie der frühchristliche Philosoph Boethius sagt, wenn es nicht mehr an Gegenwart fehlt, wenn reine Gegenwart ist, reine Präsenz. Jeder von uns kennt solche Augenblicke, in denen man ganz gegenwärtig ist. In ihnen steht die Zeit still. Da ahnen wir, was Ewigkeit ist, da schmecken wir die Ewigkeit.

Wie kann es mir an Gegenwart mangeln? Die Gegenwart ist doch einfach da. Ja, sie ist da. Aber wenn ich nicht in der Gegenwart bin, dann fehlt sie mir. Gegenwart ist Anwesenheit. Wenn ich nicht anwesend bin, ist auch der Augenblick nicht anwesend. Denn der Augenblick bekommt durch mich sein Sein, seine Präsenz. Ewigkeit ist daher auch, wenn ich ganz anwesend bin, wenn ich ganz bin, wenn ich teilhabe am reinen Sein. Gott ist das reine Sein. Wahre Gegenwart ist nur in Gott. Gott ist stets gegenwärtig. Und wenn ich gegenwärtig bin, ist Gott in mir und ich in Gott.

DER AUGENBLICK IST EIN GEHEIMNIS

Die Zeit der Mönche ist strukturiert und rhythmisiert. Ein Mediziner hat den Tagesplan der Mönche mit dem Biorhythmus verglichen und festgestellt, dass er damit übereinstimmt. Der Religionswissenschaftler Ernst Benz meint sogar, dass der Zeitrhythmus der Mönche auch zu unserem modernen Zeitverständnis geführt hat, bei dem es um Pünktlichkeit und Ausnutzen der Zeit geht. Die Mönche haben die Mahnung des heiligen Paulus befolgt: „Kaufet die Zeit aus!" (Eph 5,16; Kol 4,5)

Die Zeit ist in der Tat ein kostbares Gut, mit dem man sorgfältig umgehen muss. Und die Zeit ist kurz. Die frühen Christen erwarten das Kommen Christi. Daher ist für sie die Zeit immer gedrängte Zeit. Christus wird plötzlich kommen und in Kürze. Daher sollen wir wachsam sein. Wir sollen vom Schlaf aufstehen, aufgeweckt auf die Stimme Gottes horchen.

Die *meditatio mortis* – also die Übung, sich bewusst das eigene Sterben vor Augen zu halten – soll helfen, uns über die kostbare Zeit klar zu werden und jeden Augenblick bewusst zu leben. Denn er könnte der letzte sein. Sich täglich den Tod vor Augen zu halten, wie es der heilige Benedikt seine Mönche lehrt, hat dazu geführt, dass sie jeden Augenblick als heilige Zeit verstanden haben. Sie haben dem Geheimnis der Zeit nachgespürt: Was heißt es, dass ich bin, dass ich jetzt atme und mich spüre?

So hat das Bedenken des Todes dazu geführt, ganz bewusst im Augenblick zu leben und um die Endlichkeit der Zeit zu wissen, die uns gegeben ist. Für die Mönche geht es darum, in dieser endlichen Zeit die Ewigkeit durchbrechen zu lassen, in jedem Augenblick eine Spur der göttlichen Liebe in dieser Welt zu hinterlassen.

WAS SICH DER ZEIT ENTZIEHT

Das ist für die Mönche das Geheimnis der Kontemplation: das Wort so zu hören, dass das Unhörbare darin anklingt, das Wort so zu meditieren, dass alle Worte verstummen, dass reines Schweigen den Menschen erfüllt, in der Zeit sich auf das Wort Gottes so einzulassen, dass die Zeit still steht und aufhört.

Für mich hat das Friedrich Hölderlin, der rätselhafte Dichter, der tief in das Geheimnis Gottes und in das Geheimnis des Menschen geschaut hat, in unübertrefflicher Weise ausgedrückt. Er hat in seinen Gedichten versucht, das, was sich der Zeit entzieht, im Wort anwesend sein zu lassen. Das Wort führt uns in den Bereich Gottes, der jenseits aller Bilder und Worte und auch jenseits aller Zeit ist. In seinem Gedicht „Mnemosyne" will der Dichter Anwalt des Göttlichen in dieser Welt, des Ewigen in dieser Zeit sein. Er fasst die Erfahrung des Zeitjenseitigen in der Zeit in den rätselhaften Worten zusammen:

„Lang ist / Die Zeit. Es ereignet sich aber / Das Wahre."

Hier beschreibt Hölderlin das Paradox, dass die Zeit lange dauert, dass sie lange Weile hat, langweilig ist, dass ein Augenblick dem Augenblick folgt. Aber mitten in der Zeit ereignet sich das Wahre, das, was jenseits der Zeit liegt, was die Zeit übersteigt. Für Hölderlin ist es die Trunkenheit der Liebe, in der die ursprüngliche Einigkeit des Lebens mitten in der Brüchigkeit dieser Welt erahnt und erfahren werden kann. Aber die Erfahrung solcher Einheit ist nur von kurzer Dauer. Die Dichter versuchen, dem Ewigen in ihrem Wort zum Durchbruch in unserer Zeitlichkeit zu verhelfen. „Was bleibet aber, stiften die Dichter", sagt Hölderlin. Hölderlin schreibt nicht über Zeit und Ewigkeit, er möchte vielmehr in seinen Worten das Zeitlose in dieser Zeit anwesend sein lassen.

Indem ich über Gott denke, werde ich in seine Wirklichkeit hineingezogen. Indem ich über die Zeit nachdenke, schmecke ich die Ewigkeit selber, dass in einem Augenblick alles eins ist: Gott und Mensch, Himmel und Erde, Wort und wortloses Geheimnis, Zeit und Ewigkeit.

LEBENSSPANNUNG

Es gibt eine Mönchslegende aus dem Zisterzienserkloster Heisterbach. Da meditiert ein junger Mönch im Klostergarten über den Vers aus dem zweiten Petrusbrief, dass „beim Herrn ein Tag wie tausend Jahre und tausend Jahre wie ein Tag sind" (2 Petr 3,8). Aber er versteht den Vers einfach nicht. Da geht er sinnierend in den Wald. Er hört und sieht nicht mehr, was um ihn herum geschieht. Erst als er die Vesperglocke hört, kehrt er schnell zum Kloster zurück. Ein Unbekannter öffnet ihm das Tor. Er tritt in die Kirche und eilt seinem angestammten Platz zu. Doch da sitzt schon ein anderer. Er überblickt die lange Reihe der Mönche. Keinen von ihnen kennt er. Und auch er wird angestaunt von den Mönchen. Man fragt nach seinem Namen. Als er ihn sagt, da murmeln sich die Mönche zu: 300 Jahre hieß so niemand mehr. Denn der Letzte dieses Namens war ein Zweifler, der im Wald verschwand. Daher hat man seinen Namen keinem mehr anvertraut. Als der Mönch seinen Abt nennt und das Jahr seines Eintritts, da nimmt man das alte Klosterbuch zur Hand und erkennt, dass er es ist, der vor 300 Jahren verschwand. Der junge Mönch erschrickt, sein Haar ergraut, und sterbend mahnt er seine Brüder: „Gott ist erhaben über Ort und Zeit. Was Er verhüllt, macht nur ein Wunder klar. Drum grübelt nicht, denkt meinem Schicksal nach. Ich weiß, ihm ist ein Tag wie tausend Jahre, Und tausend Jahre sind ihm wie ein Tag."

Vielleicht brauchen wir auch ein Wunder, um das Geheimnis von Zeit und Ewigkeit zu verstehen. Wenn wir darüber nachdenken, so stehen wir in einer großen Reihe von Philosophen und Theologen, von Dichtern und Mystikern, die alle über das Ineinander von Zeit und Ewigkeit nachgedacht haben. Augustinus meint, Zeit sei ungreifbar. Die Vergangenheit ist vorbei. Der Augenblick entschwindet uns in jedem Moment. Und die Zukunft ist noch nicht da. Martin Heidegger hat sein großes Werk „Sein und Zeit" genannt. In einem Vortrag meint er: „Wenn die Zeit ihren Sinn findet in der Ewigkeit, dann muss sie von daher verstanden werden." Im Verhältnis von Zeit und Ewigkeit rühren wir an die Grundspannung, die wir als Menschen zwischen Himmel und Erde erfahren.

AUFHEBUNG DER ZEIT

Kontemplation ist Aufhebung der Zeit. Für den Mönchsschriftsteller Evagrius Ponticus ist das ein Beten ohne Worte, ohne Bilder und ohne Gedanken. Unser Denken vollzieht sich in der Zeit. Worte brauchen Zeit. Kontemplation ist die Erfahrung, dass alles eins ist, dass ich mit Gott eins bin, dass ich mit mir selbst eins bin. In diesem Augenblick des Einsseins fallen alle Gegensätze zusammen. Da ist die *coincidentia oppositorum,* von der Nikolaus Cusanus spricht und in der er das Wesen Gottes sieht. Im Augenblick der Kontemplation fallen Vergangenheit und Zukunft zusammen. Es ist der Augenblick reiner Gegenwart. Ich denke nicht über Vergangenes nach, ich plane nicht Zukünftiges. Augustinus meint, alles in diesem Leben sei von der Sorge diktiert. Im Augenblick der Kontemplation hört alle Sorge auf. Da berühre ich das Eigentliche, da berühre ich Gott. Aber ich habe kein Bild von Gott. Kontemplation ist Erfahrung des Einsseins schlechthin. Ich sehe nicht etwas Bestimmtes. Ich blicke durch, ich sehe auf den Grund. Auf einmal ist mir alles klar, auf einmal klärt sich alles auf. Und ich weiß in der Tiefe meines Herzens, dass alles gut ist. Auch wenn in meinem Leben viel zerbrochen ist, auch wenn ich jetzt in mir Chaos spüre, in der Tiefe ist alles gut.

Gott ist jenseits der Zeit. Indem ich mit Gott eins werde, habe ich teil an seiner Zeitlosigkeit, an seiner Ewigkeit. Die Mönche üben die Kontemplation, indem sie mit dem Atem ein Wort der Schrift oder das so genannte Jesusgebet verbinden. Die Kontemplation oder, wie die Mönche es auch nennen, das innere Beten, das unablässige Gebet, das in der persönlichen Gebetszeit geübt wurde, wirkte sich auch im gemeinsamen Stundengebet aus. Da waren die Worte Ausdruck des inneren Betens, Ausdruck der Sehnsucht nach Gott, nach dem sich der Mönch in Liebe ausstreckt. Das innere Gebet beschränkt sich aber nicht auf die Zeit der Meditation oder des Stundengebetes. Vielmehr soll der Mönch in jedem Augenblick achtsam leben, ganz in dem sein, was er gerade tut. Wenn er ganz im Augenblick ist, sich ganz auf das einlässt, was gerade ist, dann bricht in seine Zeit immer wieder die Ewigkeit ein.

EIN GEHEIMNIS

Der Mensch ist in der Zeit und die Zeit ist in ihm. Aber die Zeit ist mehr als der Mensch. Der Mensch muss der Zeit weichen. Daher sehnt er sich danach, dass Gott ihn aus dieser Zeit in seine Zeit, in seine Ewigkeit, nehme. Dort ist der Mensch der Zeit enthoben. Dort hat die Zeit keine Macht über ihn. Für Augustinus ist die Zeit ein Geheimnis. Jeder weiß, was Zeit ist. Aber wenn wir genauer nachdenken, so zerrinnt uns die Zeit zwischen den Fingern. So fragt Augustinus in den Bekenntnissen: „Was also ist die Zeit? Solange mich niemand danach fragt, ist mir's, als wüsste ich's; doch fragt man mich und soll ich es erklären, so weiß ich's nicht." Er weiß, was Vergangenheit und Zukunft ist. Aber die Gegenwart lässt sich nicht festhalten. Sie geht fortwährend in Vergangenes über. Zeit ist für Augustinus nicht so sehr eine objektive Tatsache, sondern etwas Subjektives. Die Zeit wirkt im Innersten des Menschen. Die Gegenwart ist „eigentlich eine seelische Erfahrung, die Vergangenheit ein Erinnerungsbild in der Seele, und die Zukunft lebt nur in unseren seelischen Erwartungen. Die gewöhnliche Zeit dagegen ist sinnlos und vergänglich, sie verschwindet, wenn die Seele mit Gott eins wird." So charakterisiert die Psychologin Marie Luise von Franz das Zeitverständnis des heiligen Augustinus. Die Zeit ist eine seelische Erfahrung. Augustinus selbst drückt es in seinen Bekenntnissen so aus: „Es gibt drei Zeiten, die Gegenwart des Vergangenen, die Gegenwart des Gegenwärtigen und die Gegenwart der Zukunft. In der Seele nämlich sind diese drei; anderswo sehe ich sie nirgends. Die Gegenwart des Vergangenen ist Gedächtnis, die Gegenwart des Gegenwärtigen die Anschauung, die Gegenwart des Künftigen ist die Erwartung." Die Seele erfährt die Zeit. Die Seele kann aber auch die Zeit überschreiten, wenn sie mit Gott eins wird, der jenseits der Zeit ist. Gott wohnt nach Augustinus im Innersten des Menschen, er ist uns innerlicher, als wir uns selbst sind. In diesem Innersten gibt es keine Zeit, da ist reine Gegenwart, da lässt uns Gott zu unserem wahren Selbst kommen.

RUHIG IN DIR SELBER

Von Augustinus stammt der Satz: „Sei still und verstehe, denn du verwirrst dich, und innen in deinem Gemach verdüsterst du das Licht. Strahlen will dir der ewige Gott, mach dir nicht ein Genebel aus Wirrnis; sei ruhig in dir."

Stille kommt von „stehen bleiben". Wer still sein will, muss stehen bleiben. Er muss innehalten, anstatt weiterzueilen. Stehen bleiben ist für Augustinus die Voraussetzung, sich selbst zu verstehen, den Nächsten und das Geheimnis der Welt zu verstehen. Verstehen hat mit Stehen zu tun. Im Vorübereilen verstehe ich nichts, weder die Worte der Menschen noch das Herz derer, an denen ich vorbeilaufe. Wer immer weitereilt, der wird innerlich verwirrt, dessen Herz verdüstert sich. Stehen bleiben, still werden, ist die Voraussetzung, dass sich das Trübe in uns klärt, dass der Nebel sich auflöst und wir klar erkennen, was ist. Und erst wenn das Innere klar wird, finden wir Ruhe in uns selbst, können wir es bei uns selbst aushalten. Augustinus fordert uns nicht auf, Ruhe zu geben und nach außen hin ruhig zu sein. Er sagt: „Sei ruhig in dir." In sich ruhen, in seiner Mitte ruhen, das ist die Voraussetzung auch für die äußere Ruhe.

MIT ALLEN SINNEN

Kontemplation ist die absolute Bejahung des Seins. Das Paradox ist aber, dass ich diese Sinnhaftigkeit gerade an einem konkreten Ding erfahre, etwa wenn ich mich in die Blume hineinmeditiere oder wenn ich vom Abendrot überwältigt werde. Alles ist voll von Sinn. Der spirituelle Schriftsteller und Benediktinermönch David Steindl-Rast drückt das aus in dem Wort: *Das ist es,* wobei ich jedes dieser Worte betonen kann. *Das ist es,* in diesem Stein ist alles versammelt, da ist Gott und die Welt in eins, da ist Zeit und Ewigkeit eins. Das *ist* es. Da ist reines Sein. Das Sein ist jenseits der Zeit. Sein ist Ewigkeit, so wie sie Boethius in seiner berühmten Definition beschreibt: „Ewigkeit ist der vollkommene, in einem einzigen, alles umfassenden Jetzt gegebene Besitz grenzenlosen Lebens."

Das Paradox dieser Ewigkeitserfahrung im Augenblick besteht für mich darin, dass gerade in der sinnlichen Erfahrung dieser Welt in Raum und Zeit die Erfahrung der Ewigkeit anwesend ist. Ewigkeitserleben ist nicht etwas rein Geistiges im Gegensatz zur Materie. Gerade in der Materie wird der Geist erfahren, im Raum das Raumlose, in der Zeit das Zeitlose. Ganz im Augenblick zu sein heißt für mich, ganz in meinen Sinnen zu sein. Wenn ich mich von der Sonne bestrahlen lasse, dann spüre ich sie mit meiner Haut, mit allen meinen Sinnen. Und gerade in solch sinnlicher Erfahrung steht die Zeit still, bricht die Ewigkeit ein. Das ist wohl das Paradox der Inkarnation, der Fleischwerdung des göttlichen Wortes. Friedrich Nietzsche, der das Christentum attackierte, hat dennoch das Wesen der Inkarnation verstanden, wenn er in seinem Gedicht vom trunkenen Lied sagt:

„Weh spricht: Vergeh! / Doch alle Lust will Ewigkeit –, / will tiefe, tiefe Ewigkeit!"

Ewigkeit ist hier nicht verstanden als lange Dauer, dass die Lust nicht aufhören sollte. Die Lust kann gar nicht eine lange Zeit hindurch erfahren werden. Ewigkeit ist hier vielmehr der Augenblick, der ganz tief erlebt wird, in dem ich ganz in dem bin, was ich tue, was ich fühle, was ich bin. Lust ist Aufhebung der Zeit und Erahnen der Ewigkeit.

GIPFELERFAHRUNG

Ein Aspekt eines Gipfelerlebnisses ist, dass wir ganz allein sind. David Steindl-Rast deutet dieses Wort *allein* als all-eins, mit allem eins sein und mit sich ganz eins sein. Das war eine wichtige Erfahrung im frühen Mönchtum. Dionysius Areopagita leitet das Wort Mönch (monachos) von monas ab, von der Einheit. Der Mönch ist der, der ganz eins ist, der mit sich selbst eins ist, aber zugleich mit allen und allem. Evagrius Ponticus, der griechische Mönch aus dem 4. Jahrhundert, schreibt in einem Text über das Gebet: „Ein Mönch ist ein Mensch, der sich von allem getrennt hat und sich doch mit allem verbunden fühlt. Ein Mönch weiß sich eins mit allen Menschen, denn immerzu findet er sich in jedem Menschen." Er fühlt sich mit dem ganzen Kosmos eins.

Vom heiligen Benedikt wird berichtet, dass er in einem einzigen Sonnenstrahl die ganze Welt erblickt hat. Das ist ein typisches Merkmal von Kontemplation. Ich werde mit der ganzen Welt eins. Es bedeutet nicht, dass ich alles der Reihe nach anschauen kann, sondern alles ist auf einmal da. Ich schaue in den Urgrund, in dem alles miteinander verbunden ist, in dem alles eins ist. In diesem Urgrund bin ich eins mit der Schöpfung, eins mit Gott, eins mit Raum und Zeit. Raum und Zeit hören in dieser kontemplativen Erfahrung auf zu existieren. Da berühre ich die Ewigkeit, da bricht die Ewigkeit ein in mein Leben.

INMITTEN DER ZEIT

Vom Verhältnis der Zeit zur Ewigkeit schreibt Angelius Silesius, der Dichter des „Cherubinischen Wandersmann", den berühmten Vers:

„Zeit ist wie Ewigkeit und Ewigkeit wie Zeit,
So du nur selber nicht machst einen Unterschied.
Ich selbst bin Ewigkeit, wenn ich die Zeit verlasse
Und mich in Gott und Gott in mich zusammenfasse."

Es sind mutige Verse, paradoxe Verse. Aber diese Erfahrung ist nicht mehr zu erklären, auch wenn die Mystiker immer wieder versucht haben, das Geheimnis der Ewigkeit mitten in der Zeit zu beschreiben. Für sie ist die Kontemplation, die Anbetung, das Gebet überhaupt, der Ort, an dem der Mensch die Zeit überwinden kann.

In den Versen des Angelus Silesius klingt die Erfahrung von Meister Eckhart an, der sich immer wieder mit dem Geheimnis von Zeit und Ewigkeit auseinandergesetzt hat. Ihm geht es um die Erfahrung von Ewigkeit inmitten dieser Zeit. Für Meister Eckhart hängt alle Seligkeit daran, „dass der Mensch durchschreite und hinausschreite über alle Geschaffenheit und alle Zeitlichkeit und alles Sein und eingehe in den Grund, der grundlos ist". Im Einswerden mit Gott überschreitet der Mensch die Zeit, da hat er teil an der Ewigkeit. Eckhart geht davon aus, dass Gott jenseits der Zeit ist. Und insofern ist die Erfahrung Gottes immer auch eine Erfahrung des Zeitjenseitigen, des Ewigen. Wenn ich in der Kontemplation mit Gott eins werde, dann hört in diesem Augenblick die Zeit auf. Es gibt kein Vorher und Nachher. Es gibt nur reine Gegenwart. In so einem Augenblick können wir oft nicht sagen, wie lange er dauert. Die Alten sprechen hier von Erleuchtung, die Buddhisten nennen es satori. Auf einmal blitzt in uns etwas auf. Wenn wir das innere Licht in uns sehen, dann kann es sein, dass wir nach einer halben Stunde auf die Uhr sehen und das Gefühl haben, es war nur ein kurzer Augenblick, den wir da gesessen sind. Die Zeit ist still gestanden, weil Gott selbst uns berührt hat. Wenn er uns berührt, wenn er uns erfasst, dann hört die Zeit auf, dann ist Ewigkeit.

GEHEIMNISVOLLE EWIGKEIT

Andreas Gryphius schreibt in seiner berühmten Betrachtung über die Zeit:

> „Mein sind die Jahre nicht, die mir die Zeit genommen;
> Mein sind die Jahre nicht, die etwa möchten kommen;
> Der Augenblick ist mein, und nehm ich den in acht,
> So ist *der* mein, der Jahr und Ewigkeit gemacht."

Die spirituellen Meister sprechen alle von der Kunst, ganz im Augenblick zu sein. Wer achtsam lebt, wer ganz in dem ist, was er gerade tut, für den bricht die Ewigkeit ein in seine Zeit. T. S. Eliot spricht vom „ruhenden Punkt der sich kreisenden Welt", den wir im Augenblick berühren, von dem Punkt, „wo sich Zeitloses schneidet mit Zeit". Für Andreas Gryphius wird der, der ganz im Augenblick lebt, eins mit Gott, der jenseits der Zeit ist. Die Erfahrung des Augenblicks wird zur Erfahrung Gottes und transzendiert so die Zeit.

Solche Erfahrungen des Augenblicks, in dem alles eins ist, Zeit und Ewigkeit, nennt Abraham Maslow Gipfelerlebnisse. Und jeder von uns hat wohl schon solche Gipfelerlebnisse gehabt, allein auf einer Frühlingswiese, mit Freunden auf einem Gipfel, mitten unter den Zuhörern in einem Konzertsaal, bei der Geburt eines Kindes, beim Anblick eines geliebten Menschen. Wenn wir überlegen, was da in solchen Gipfelerlebnissen geschieht, so können wir nur stammeln. Wir sagen: „Es hat mich einfach überwältigt. Ich war ganz da. Ich war ganz weg." David Steindl-Rast, der österreichische Benediktiner und Eremit, sieht drei Eigenschaften in so einem Gipfelerlebnis. Das Erste ist, dass wir uns ganz vergessen. Wir meinen, es sei eine große Gnade, sich selbst annehmen zu können. Denn wir wissen, wie schwer es ist, wirklich zu sich ja zu sagen. Aber die Gnade aller Gnade würde darin bestehen, sich selbst einmal vergessen zu können, einmal das Kreisen um sich selbst lassen zu können, einmal nicht mehr danach zu fragen, was es mir bringt, sondern einfach in dem sein, was ist. Das Paradox besteht darin, dass wir ganz präsent sind, wenn wir uns vergessen. Dann sind wir ganz im Augenblick. Wir sind gegenwärtig. Und wir sind ganz wir selbst.

KOMM ZU DIR

Wer sich genau beobachtet, wird erkennen, wie oft er gedankenlos durch den Tag geht. Du nimmst gar nicht wahr, was du tust. Du lässt deinen Schlüsselbund liegen oder deine Brille. Weil du nicht bei dir bist, merkst du nicht, dass dir nicht nur der Schlüssel verloren geht, sondern du selbst. Du bist nicht bei dir. Und alles angestrengte Grübeln kann dich nicht wieder zu dir zurückbringen.

Versuche es mit einem Gebet. Komm in Berührung mit deiner kreativen Mitte. Da kommt dir auf einmal die Idee, wo du suchen könntest. Das gilt nicht nur für Verlorengegangenes. Es gilt für alle schwierigen Situationen. Geh vom Problem weg. Komm in Kontakt zu deiner Mitte. Hier, in deiner Mitte findest du dich selbst. Dort tauchen auf einmal kreative Lösungen auf. Es fällt dir ein, wie du dich in einer unübersichtlichen Situation entscheiden und was du in einem schwierigen Gespräch einem andern sagen kannst.

In deiner Mitte liegt die Lösung schon bereit.

FENSTER IN DEN HIMMEL

Ewigkeit meint nicht die unbegrenzte Dauer der Zeit oder die ewige Wiederkehr des Gleichen. Ewigkeit hat für die Mönche zwei Bedeutungen: Einmal ist es das andauernde Jetzt, der Augenblick, in dem die Ewigkeit einbricht in unser Leben. Es ist ein Augenblick, in dem wir das Gespür für die Zeit verlieren. Und Ewigkeit ist die Negation aller Zeitlichkeit. So verstand Platon seine ewigen Ideen, die der Zeit entrückt sind. Für die Christen ist Gott jenseits der Zeit, aller Zeit enthoben. Daher ist Gotteserfahrung immer auch Erfahrung der Ewigkeit.

Es gibt für die Mönche verschiedene Orte, an denen die Ewigkeit in der Zeit erfahrbar wird. Da ist einmal die Liturgie. Für den heiligen Benedikt singen die Mönche im Angesicht der Engel die Psalmen. Die Engel sind der Zeit enthoben. Sie sind bei Gott und schauen das Antlitz Gottes. Liturgie ist immer Teilhabe an der ewigen Liturgie im Himmel. Da tut sich ein Fenster auf und der Himmel öffnet sich. Da tauchen die Mönche ein in den ewigen Lobgesang, der im Himmel erklingt. Die Liturgie ist geprägt vor allem durch das Spiel und durch die Musik. Schon Friedrich Schiller meint, im Spielen sei „die Zeit in der Zeit" aufgehoben. Und Peter L. Berger, ein Philosoph unserer Zeit, spricht davon, dass man in der Freude des Spiels „nicht nur von einer Zeitrechnung in die andere, sondern von der Zeit in die Ewigkeit übergeht". Das Spiel hebt die Zeit auf. Ein Kind vergisst sich im Spielen. Ähnlich ist die Liturgie als heiliges Spiel ein Sichhineinspielen in die Ewigkeit, in das ewige Spiel Gottes mit dem Menschen.

Die Musik gehört wesentlich zur Liturgie. Musik ist Fenster zur Ewigkeit. Da klingt die Ewigkeit an. In der Musik sind Zeit und Ewigkeit miteinander verbunden. Sie geschieht in der Zeit, in Tönen, Melodien und Rhythmen, und zugleich ist ihr Wesen überzeitlich und zeitlos. In jedem Ton klingt etwas an vom Geheimnis des Seins. Musik ist wohl der Ort, an dem Transzendenz am deutlichsten zu spüren ist. Die Mönche singen den gregorianischen Choral, einen meditativen Gesang, der in sich die Fähigkeit besitzt, die Stille hörbar und die Ewigkeit erfahrbar werden zu lassen.

EINBRUCH DES EWIGEN

Für den großen Tiefenpsychologen C. G. Jung verbindet das Fest die Gegenwart mit der historischen und mythischen Vergangenheit. Das Fest durchbricht den unerbittlichen Lauf der Zeit. Es ist Verheißung des ewigen Festes, zu dem Gott uns einlädt. Im Fest bricht seine Ewigkeit in unsere Zeit. Fest ist Unterbrechung der Arbeit, des Nutzbringenden, des Kalkulierbaren. Fest ist zeitlos, und Fest ist zweckfrei. Im Fest werden wir herausgenommen aus dem bloßen Funktionieren, aus der hektischen Tretmühle des Alltags. Das Fest ist gezeichnet von „Mühelosigkeit und Leichtigkeit". Nur wenn ich ja sage zu dieser Welt, kann ich ein Fest feiern, das den Alltag unterbricht und mir Anteil schenkt am Eigentlichen. Plato meint, die Götter hätten sich der Menschen erbarmt und ihnen in ihrer Mühe „als Atempause die wiederkehrenden kultischen Feiertage gegeben und als Festgenossen die Musen und ihre Anführer Apollon und Dionysos". Fest ist immer auch Bild der Menschwerdung. Fest ist die Feier unserer Einswerdung mit Gott und der Verschmelzung aller Gegensätze in uns. Seit jeher ist das Hochzeitsfest Symbol der Einheit aller Gegensätze. In jedem Fest klingt etwas davon an, dass Gott mit uns eins wird, dass wir im Fest teilhaben am ewigen Gott, der jede Zeit transzendiert.

Jeder Sonntag ist ein Fest der Auferstehung. Da feiern wir den achten Tag, den Tag, der keinen Abend kennt, den Tag, der die Zeit aufhebt in die Ewigkeit hinein. Der Auferstehungstag ist ja der achte Tag. Augustinus sagt von diesem achten Tag, dass er die ewige Seligkeit in sich schließt: „Denn jene ewige Ruhe setzt sich am achten Tag fort und endet nicht an ihm, weil sie ja sonst nicht ewig wäre. Deshalb wird der achte Tag sein, was der erste war, und so das ursprüngliche Leben sich nicht als vergangen, sondern als mit dem Stempel der Ewigkeit bekleidet erweisen." Acht ist die Zahl der Ewigkeit. Die Acht ist ohne Ende. Das Taufbecken der frühen Kirche war achteckig. Da tauchte man ein in das ewige Leben Gottes, das nicht mehr aufhört, das die Zeit aufhebt. Achtgliedrig ist aber auch der Pfad Buddhas, den der Mensch gehen soll, um dem Kreislauf der Leiden und Wiedergeburten zu entkommen und am Nirwana teilzuhaben, das alle Zeit übersteigt.

DIE SEELE BRAUCHT FESTE

Feste bringen einen wesentlichen Aspekt unserer Seele zur Sprache. Ein Fest feiert man nur, wenn man davon leben kann, und indem wir ein Fest feiern, kommt in unserer Seele etwas Wichtiges in Bewegung. Unsere Gefährdungen werden angesprochen, aber zugleich sind auch Wege aufgezeigt, wie die Gefährdungen überwunden werden können. Feste haben eine heilende Wirkung. Denn wenn wir uns ihrem Rhythmus überlassen, kommt auch unsere Seele und mit ihr unser Leib in einen gesunden Rhythmus.

In den vielen Festen des Kirchenjahres wird dies immer wieder unter einem neuen Aspekt angesprochen und ausagiert: Die Adventszeit als Zeit des Wartens und Sehnens möchte unsere Süchte wieder in Sehnsucht verwandeln. Im Weihnachtsfest geht es um den neuen Anfang. Wir sind nicht festgelegt auf die Geschichte unserer Verletzungen und Kränkungen. Gott setzt in der Geburt Jesu einen neuen Anfang. Wenn Christus in uns geboren wird, so kommen wir in Berührung mit dem unverfälschten und unberührten Bild Gottes in uns. Die Fastenzeit ist eine Zeit der inneren Reinigung und Überprüfung. Indem wir uns bewusst zurücknehmen, indem wir die Nahrung reduzieren und fasten, entdecken wir, wovon wir abhängig geworden sind. Ein Frühjahrsputz der Seele und eine Entschlackung des Leibes tut uns immer wieder gut. Die Passionszeit gibt uns die Gelegenheit, uns mit unseren Krankheiten und unseren Nöten im Licht der Passion Jesu anzuschauen. Wir brauchen unsere Krankheit nicht zu verdrängen. Die Passionszeit befreit uns von der Illusion, als ob wir ohne Krankheit sein könnten. Aber sie zeigt uns einen Weg, unsere Krankheit anders zu sehen. In unserer Krankheit sind wir nicht ausgeschlossen vom Leben, sondern dürfen darin die besondere Nähe Jesu erfahren. Ostern als das Fest der Auferstehung will uns ermutigen, aufzustehen aus dem Grab unserer Ängste und Depressionen und das Leben neu zu wagen. Es ist die Verheißung, dass die Fesseln, die uns gefangen halten, abfallen. An Pfingsten feiern wir den Geist, der uns heilt und mit neuem Leben erfüllt. Wir müssen nicht alles selbst machen. Gott durchdringt uns mit seinem befreienden Geist.

Die Heilung unserer beschädigten Seele kann geschehen, wenn wir uns wieder der inneren Dynamik dieser Feste überlassen.

GIB DEINER ARBEIT SINN

VON DER RECHTEN BALANCE

JAGE NICHT NACH DEM WIND

„Besser eine Handvoll Ruhe als beide Fäuste voll Mühe und Jagen nach Wind", sagt die Bibel (Prediger 4,6).

Das Bild stimmt, bis heute: Wir sagen von einem Menschen, er habe eine ruhige Hand. Wenn er etwas anfasst, tut er es mit innerer Ruhe und klarem Handgriff. Von seiner Hand geht Ruhe aus. Die ruhige Hand ist eine offene Hand. Sie ist wie eine Schale, die etwas aufnehmen kann. In dieser offenen Hand kann die Ruhe wohnen. Das Gegenteil sind die Fäuste. Wer die Hand zur Faust ballt, der will etwas mit Gewalt festhalten. Die Faust ist voller Aggressionen. Sie ist immer gegen jemand gerichtet. Der Weise aus dem Alten Testament denkt bei der Faust an Menschen, die sich anstrengen und mit Gewalt etwas erreichen wollen. Doch für ihn jagen manche Fäuste nur nach dem Wind. Es sind vordergründige Ziele, die man so verkrampft angeht. Die wahren Ziele kann man nicht mit zusammengebissenen Zähnen und geballten Fäusten erreichen, sondern nur mit offenen Händen. Genauso wenig wie ich den Wind festhalten kann, kann ich die Ruhe mit meiner Faust umklammern. Ich erfahre Ruhe nur, wenn ich mich aufmache, wenn ich ganz im Augenblick bin, wenn ich mit offenen Händen ertaste, was sich mir in die Hand legt.

KEIN GIERIGER KANN WIRKLICH LEBEN

„Die Geizigen sind mit den Bienen zu vergleichen. Sie arbeiten, als ob sie ewig leben würden." Der griechische Philosoph Demokrit hat dies bemerkt. Es trifft immer noch zu: Es gibt Menschen, die arbeiten, als ob es kein Ende für sie gäbe. Sie müssen immer mehr sammeln, aus Angst, es könnte einmal nicht mehr reichen. Demokrit, der schon im vierten Jahrhundert vor Christus solche Menschen beobachtet hat, sieht als Ursache solch ruheloser Arbeit den Geiz. Es ist nicht der Fleiß, sondern der Geiz, der den Menschen immer arbeiten lässt.

Der Fleiß sieht anders aus. Da strömt die Arbeit. Da macht sie Lust. Der Geizige arbeitet verbissen. Er kann nicht aufhören, weil er Angst hat, nicht genug zu bekommen. Geiz ist Habgier. Es ist weniger die Sparsamkeit, die wir oft mit Geiz verbinden, sondern die Gier nach Reichtum. Wer von solcher Gier angetrieben wird, muss immer weiterarbeiten. Er kann nicht ausruhen und genießen. Ja, das Genießen würde seinen Reichtum mindern.

Der Geizige lebt nicht. Er meint, irgendwann einmal würde er die Früchte seiner Arbeit genießen. Aber jedes Mal verschiebt er den Augenblick des Genießens, aus Angst, er könnte eine weitere Möglichkeit zum Reichwerden verpassen. Der Gierige kann nicht wirklich leben, weil er immer auf einen späteren Zeitpunkt hin lebt. Doch der kommt nie. So arbeitet er, als ob er ewig leben würde. Irgendwann, plötzlich, wird die Einsicht kommen, dass wir nicht ewig leben können.

NEUE QUALITÄT

Ich gebe Menschen, die ich geistlich begleite, manchmal folgende Aufgabe: „Stellen Sie sich vor, dass Sie nur noch einen Tag zu leben haben. Was würden Sie dann tun? Welche Botschaft möchten Sie mit Ihrem Leben geben? Welche Spur möchten Sie eingraben in diese Welt?"

Manche erzählen dann, dass sie den Menschen nochmals begegnen möchten, die ihnen am liebsten sind. Und sie würden ihnen gerne erklären, was ihr tiefster Beweggrund war, warum sie so und nicht anders gelebt haben, was sie eigentlich mit ihrem Leben vermitteln wollten.

Andere erzählen, dass sie ganz im Augenblick sein würden, dass sie das Leben nochmals bewusst wahrnehmen, den Geschmack des Lebens schmecken, das Geheimnis des Lebens erspüren würden.

Wieder andere würden einfach weiter das tun, was sie gerade tun. Aber sie würden es bewusster tun.

Wenn ich die Vorstellung von meinem letzten Tag auf meine Arbeit beziehe, dann werde ich wacher bei meiner Arbeit sein. Ich nehme bewusst das Werkzeug in die Hand, gestalte und forme bewusst. Ich spüre: ich kann etwas schaffen, was nur durch mich geschaffen wird. Oder wenn ich einen Brief schreibe, werde ich die Worte bewusst wählen. Was möchte ich bei allem Sachlichen in den Brief hineinlegen? Wie könnte ich den Menschen, mit denen ich zusammenarbeite, vermitteln, dass ich sie mag, dass sie mir wichtig sind, dass ich ihnen mit meiner Arbeit eine Freude machen möchte? Wie könnte ich meine Mitarbeiter spüren lassen, dass es sich lohnt zu leben? Wie würde ich das, was mir aufgetragen ist, erfüllen?

Wenn wir also die Vorstellung des letzten Tages durchmeditieren, dann wird unsere Arbeit eine andere Qualität bekommen. Die Vorstellung soll uns helfen, auch unsere alltägliche Arbeit anders zu verstehen und zu erleben. Ich werde dann jeden Tag bewusst zur Arbeit gehen. Ich werde versuchen, ganz im Augenblick zu sein, ganz in dem zu sein, was ich gerade tue. Und ich werde ein Gespür dafür bekommen, dass alles, was ich tue, einen Wert hat. Ich kann mir die Arbeit oft zwar nicht aussuchen. Aber die Art und Weise, wie ich die Arbeit verrichte, das ist allein meine Sache.

OHNE HAST

„Wenn du es eilig hast, mach einen Umweg", so lautet ein asiatisches Sprichwort.

Wer zielgerichtet auf das losgeht, was er vollbringen möchte, vergisst oft das Wichtigste. Er ist so fixiert auf die kurzfristige Erfüllung seiner Aufgabe, dass er gar nicht bedenkt, wie er die Aufgabe sinnvoll bewältigen kann und was alles in den Blick genommen werden muss. Wer auf dem Weg zu seiner Aufgabe einen Umweg in Kauf nimmt, der gewinnt Zeit, nachzudenken, was wirklich zu tun ist. Er wird die Aufgabe effektiver vollbringen, weil er einen größeren Horizont gewonnen hat. Und vielleicht sind ihm im Gehen Lösungen eingefallen, auf die er nie gekommen wäre, wenn er sich sofort an die Arbeit gemacht hätte.

NACHHALTIGKEIT

„Der wahre Sinn des Lebens besteht darin, Bäume zu pflanzen, unter deren Schatten man vermutlich selber nie sitzen wird." Vielleicht war Nelson Henderson, der diesen Satz formuliert hat, ein Gärtner. Auf jeden Fall muss er ein Weiser gewesen sein.

Seine Einsicht widerspricht freilich dem, was heute im Arbeitsleben zählt. In vielen Firmen müssen die Abteilungsleiter ihrem Vorstand innerhalb von zwei Jahren eine Erfolgsbilanz vorlegen. Das Unternehmen kann es sich nicht leisten, eine Durststrecke zu durchschreiten. Also müssen kurzfristige Erfolge her. Doch ob diese Erfolge dem Unternehmen auf Dauer gut tun oder ob sie nur ein kurzes Strohfeuer sind, das interessiert die Vorstände meistens nicht. Wenn man die Bilanz nüchtern zieht, wird man erkennen, dass dieses kurzfristige Erfolgsdenken das Unternehmen langfristig viel Geld kostet.

Die ökologische Bewegung propagiert heute das so genannte „nachhaltige Wirtschaften". Nur derjenige wirtschaftet demnach richtig, der die langfristigen Perspektiven für die Umwelt und für die Nachwelt bedenkt.

Große Menschen haben nie den kurzfristigen Erfolg gesucht. Sie haben Bäume gepflanzt, deren wahre Größe sie nie gesehen haben. Sie haben Kathedralen gebaut, deren Vollendung sie nie erlebt haben. Aber sie haben einen Traum gehabt, der die Zukunft veränderte. Die Früchte ihrer Arbeit haben Generationen nach ihnen geerntet. Wahre Größe zeigt sich, wer für seine Nachkommen sorgt, wer mit vollem Engagement an Projekte geht, deren Früchte andere genießen werden.

SEI NICHT HART ZU DIR

Arbeit gehört zum Leben. Wer gerne arbeitet, empfindet Freude und Befriedigung durch das, was entsteht – aus Ideen oder aus der körperlichen Anstrengung. Arbeit lenkt ab vom Kreisen um sich selber. Etwas zu leisten tut gut. Denn Leistung lockt unsere Fähigkeiten heraus. Aber Arbeit tut nicht gut, wenn sie das Leben ganz und gar bestimmt. Es tut uns nicht gut, wenn wir uns ständig überfordern. Es gibt Menschen, die nur die Arbeit kennen, die keine Zeit mehr haben für Erholung oder für andere Menschen. Wer sich ständig überarbeitet, schadet sich. Stress mag für viele als Statussymbol gelten. Aber die Wahrheit ist: Stress zeigt meistens, dass einer nicht gut mit sich umgehen kann. Es führt nicht weiter, hart gegen sich selbst zu sein und sich an die Überlastung zu gewöhnen. Wer hart ist gegen sich selbst, ist in Gefahr, sein Herz auch gegenüber den anderen zu verhärten. Versuche, die Ursachen für deinen Stress zu entdecken – und die nötige Abhilfe zu schaffen.

LEBENSQUELL

Viele klagen heute, dass sie gestresst sind, ausgebrannt, erschöpft. Für mich ist Stress immer ein spirituelles Problem. Wir arbeiten nur aus der eigenen Kraft. In uns sprudelt aber die Quelle des Heiligen Geistes. Wenn ich mit dieser Quelle in Berührung bin, wenn ich aus ihr heraus arbeite, dann vermag ich viel zu arbeiten, ohne zu erschöpfen. Denn diese Quelle in mir ist unerschöpflich, weil sie göttlich ist. Viele sind erschöpft, weil sie aus falschen Lebensmustern heraus arbeiten. Sie arbeiten mit dem Motto: „Hoffentlich mache ich alles richtig. Hoffentlich mache ich keinen Fehler. Hoffentlich gibt es keinen Streit." Mit solchen Lebensmustern ist man aber bald am Ende, ausgebrannt.

Gebet ist der Weg zur inneren Quelle. Das Gebet, wie Evagrius Ponticus es versteht, führt uns in den inneren Raum der Stille. Evagrius nennt diesen Raum „Ort Gottes", weil Gott selbst dort wohnt, und „Jerusalem", weil es ein Ort des Friedens ist. In uns – so sagt uns die Mystik – ist schon ein Ort, an dem es ganz still ist, an dem Gott schon in uns ist. Doch wir sind abgeschnitten von diesem Raum der Stille. Der innere und äußere Lärm, unsere Sorgen und Probleme legen sich wie eine dicke Betonschicht zwischen unser Herz und diesen inneren Ort des Schweigens. Im Gebet durchstoßen wir die Betonschicht, um in den inneren Raum zu gelangen. Dort, wo Gott in uns wohnt, haben die Menschen keinen Zutritt, dort treffen uns die Urteile und Verurteilungen, die Wünsche und Erwartungen, die Ablehnungen und Verletzungen nicht. Dort sind wir heil und ganz. Trotz unserer Ängste dürfen wir in unserer Mitte erfahren, dass unser wahres Selbst heil und ganz ist. Es ist unverwundbar. Die Verletzungen betreffen nur unsere Emotionen, aber nicht unser wahres Selbst. In der Ostkirche ist vor allem das Jesusgebet der Weg, um zur Tiefe des Herzens zu gelangen. Es ist ein Raum der Milde und Barmherzigkeit, der Liebe und der Freiheit. Dort haben auch die eigenen Schuldgefühle keinen Zutritt. Dort sind wir lauter und rein, makellos.

STRESS UND FLOW

Im Mönchtum gab es immer wieder Strömungen, die die Arbeit als Hindernis auf dem geistlichen Weg sahen. Doch die gesunde Tradition sah es anders. Die Arbeit ist wichtig für meinen spirituellen Weg. Sie ist einmal eine wichtige Quelle der Selbsterkenntnis. In der Arbeit lerne ich mich mit meinen Fähigkeiten kennen. Aber ich entdecke auch meine Schattenseiten. Die geistlichen Väter konnten an der Art und Weise, wie jemand arbeitet, erkennen, wie es in seiner Seele aussieht. Wer chaotisch arbeitet, dessen Seele scheint innerlich durcheinander zu sein. Bei der Arbeit stoße ich immer wieder an meine Grenzen. Emotionen wie Wut und Ärger tauchen auf. Sie zeigen mir meine empfindlichen Stellen und meine verdrängten Bedürfnisse.

Es gibt Menschen, die Spiritualität mit religiösem Narzissmus verwechseln. Sie kreisen nur um sich. Arbeiten heißt, sich von Gott in Dienst nehmen lassen, sich und seine Vorlieben loslassen. Ob ich in der Arbeit gestresst bin oder nicht, ist im Kern ein spirituelles Problem. Wer sich in seiner Arbeit selbst beweisen will, wer vor sich und den andern gut dastehen will, der schöpft aus seiner eigenen Kraft. Und die ist bald erschöpft. Wer jedoch seine innere Quelle gefunden hat, die Quelle des Heiligen Geistes, aus dem strömt die Arbeit von innen heraus. Wem alles fließt, wer im „Flow" ist, der kann viel arbeiten, ohne zu ermüden.

Es gibt Abteilungsleiter, die viel arbeiten. Aber ihre Arbeit beflügelt die anderen nicht. Im Gegenteil, von ihrer Arbeit geht eine unbewusste Aggressivität aus. Sie verstecken sich hinter der Arbeit, um unangreifbar gegenüber jeder Kritik zu sein. Die Mitarbeiter spüren die verdrängte Aggressivität in dem Übermaß an Arbeit und werden dadurch eher gelähmt als motiviert.

Die Ausstrahlung, die von meiner Arbeit ausgeht, zeigt, ob ich sie aus einer spirituellen Haltung heraus vollziehe oder aber aus egoistischen Motiven, um meinen Wert zu beweisen, weil ich mich im Grunde wertlos fühle. Wenn Arbeit benutzt wird, um andere Ziele (Steigerung des Selbstwertgefühles usw.) zu erreichen, wird sie nie wirklich Frucht bringen.

DER ROUTINE SINN GEBEN

Wer ständig über seine Arbeit jammert, der ist gar nicht in Berührung mit ihr. Er möchte sich nicht auf sie einlassen. Er hält oft an seinen Größenphantasien fest, dass er eine bessere Arbeit verdient hat. Natürlich gibt es Arbeiten, die eher Routine sind. Wenn ich selber in meiner Verwaltungsarbeit die vielen Rechnungen abzeichnen muss, dann ist das zwar nicht sehr kreativ. Doch das ist für mich jedes Mal Erholung. Dabei kann ich bewusst auf meinen Atem achten und meditieren. Und dann macht mir auch diese Arbeit Spaß. Ich stehe dann nicht unter dem Druck, auch das noch erledigen zu müssen. Und ich bin offen, wenn ein Telefonanruf kommt oder wenn jemand in mein Büro kommt, um etwas zu besprechen.

So genannte Routinearbeiten müssen also nicht langweilig sein. Es ist immer meine Verantwortung, wie ich mit meiner Arbeit umgehe, ob ich sie kreativ gestalte, ob ich leichtere Arbeiten als mir gegönnte Erholungszeit genieße oder ob ich mich bedaure, dass ich so etwas Banales tun muss. Ab und zu soll ich allerdings überprüfen, ob alle Routinearbeiten wirklich nötig sind oder ob sie nicht auch anders oder gar nicht mehr gemacht werden könnten.

Ob meine Arbeit Sinn hat oder nicht, hängt nicht so sehr von der Arbeit in sich ab, sondern davon, welchen Sinn ich ihr gebe. Ich erzeuge mit meiner Arbeit nicht nur ein Produkt, das anderen dient. Ich schaffe bei meiner Arbeit auch eine Atmosphäre. Es kann eine krank machende oder aber eine heilende und inspirierende Atmosphäre sein. Wenn um mich herum ein gesundes Arbeitsklima entsteht, dann hat meine Arbeit eine therapeutische Wirkung. Sie kann Menschen Freude nicht nur an der Arbeit, sondern auch an ihrem Leben und am Miteinander schenken. Wer froh bei seiner Arbeit ist, der wird auch daheim Freude stiften. Wer jedoch nur Ärger und Frustration erfährt, wird sie auch daheim weitergeben.

DAMIT DIE SEELE ATMEN KANN

„Wer mit sich selbst schlecht umgeht, wem kann der gut sein? Denk also daran: Gönne dich dir selbst."

Bernhard von Clairvaux hat diesen Satz an seinen früheren Schüler geschrieben, der inzwischen als Papst Eugen III. große Verantwortung trug.

Nachdem Papst Eugen sich bei seinem Lehrer Bernhard von Clairvaux beklagte, dass er vor lauter Arbeit nicht zum Beten komme, dass er ganz unglücklich sei vor lauter Beschäftigung, da reagiert also sein Lehrer ganz und gar nicht mit Mitleid. Vielmehr liest er ihm – obwohl Eugen nun Papst ist – doch recht kräftig die Leviten. Er ist selbst schuld, wenn er so viel arbeitet, wenn er meint, jedem Bittsteller helfen zu müssen, sich auf alle Angelegenheiten einlassen zu müssen. Gerade weil er eine verantwortungsvolle Stellung innehat, ist es notwendig, dass er für sich selbst sorgt. Denn wenn er nicht für sich selbst sorgt, wird seine Sorge für die anderen keinen Segen bringen. Sie wird ihn vielmehr innerlich verhärten und bitter werden lassen. Wenn er den andern so viel Zeit gönnt, so soll er auch sich selbst genügend Zeit gönnen, damit seine Seele atmen kann, damit er das Leben spürt. Aber er soll sich nicht nur Zeit gönnen, sondern sich selbst.

Er soll seine Aufmerksamkeit dem eigenen Herzen zuwenden. Er soll seine Liebe sich selbst gönnen, sich selbst seine Zärtlichkeit erweisen. Nur dann wird er in aller Arbeit innerlich Ruhe bewahren und aus dem Geist Jesu wirken können.

Wenn er aber meint, er müsse die Gesinnung Jesu nur anderen erweisen, gegen sich selbst aber unbarmherzig und hart sein, dann würde Jesus aus seinem Herzen weichen. Dann nimmt er zwar Jesu Worte in den Mund, aber sie prägen sein Herz nicht. Er lebt dann nicht aus dem Geist Jesu, der seine beschäftigten Jünger einlädt: „Kommt mit an einen einsamen Ort, wo wir allein sind, und ruht ein wenig aus." (Mk 6,31)

Wenn ich Kurse für Führungskräfte halte, so sind sie immer beeindruckt von dem recht altertümlichen Satz aus der Regel des heiligen Benedikt: „Der Cellerar (der Verwalter) achte auf seine eigene Seele." Sie spüren, dass sie in ihrer Verantwortung für andere zu wenig auf ihre eigene Seele geachtet haben. Sie haben nicht darauf geachtet, wie ihre Seele auf die

Überforderung reagiert. Sie haben die Signale von Unzufriedenheit, von innerer Schwere, von Angst, von Verkrampfung, von Unlust nicht gehört und sich gezwungen, weiterzuarbeiten. So sind sie innerlich leer geworden. Sie werden erst dann wieder Lust an ihrer Arbeit finden, wenn sie auf ihre Seele, auf ihre inneren Impulse hören, wenn sie sich Zeit gönnen, damit die Seele atmen kann.

RAT DES ENGELS

Der heilige Benedikt stellt drei Kriterien auf, mit denen der Novizenmeister prüfen soll, ob ein junger Mönch wahrhaft Gott sucht. Ein Kriterium ist, ob er Eifer hat für den Gottesdienst, ob er also fähig ist, seine Gefühle zuzulassen und vor Gott auszudrücken. Dann soll der Novizenmeister prüfen, ob er fähig ist, sich auf die Gemeinschaft einzulassen, ihr gehorsam zu sein, ob er also beziehungsfähig ist. Und schließlich soll er darauf sehen, ob er bereit ist, sich in der Arbeit fordern zu lassen, ob er leistungsfähig ist. Reifer Umgang mit Gefühlen, Beziehungsfähigkeit und Leistungsfähigkeit sind die psychologischen Kriterien für einen gesunden Menschen.

Eine Geschichte, die von einem der frühchristlichen Wüstenväter berichtet wird, erzählt etwas Ähnliches:

Abbas Poimen sprach: „Drei körperliche Übungen fanden wir am Altvater Pambo: tägliches Fasten bis zum Abend, Schweigen und viel Handarbeit". Mit diesen Übungen kam Pambo zu seiner geistlichen Reife. Das konsequente Durchhalten dieser drei Dinge verwandelte ihn. Ähnlich erfährt Antonius von einem Engel, wie sein Leben gelingen kann. Als er in verdrießlicher Stimmung den Engel fragt, was er tun soll, sieht er einen, der ihm gleicht: „Er saß da und arbeitete, stand dann von der Arbeit auf und betete, setzte sich wieder und flocht an einem Seil, erhob sich dann abermals zum Beten. Und siehe, es war ein Engel des Herrn, der gesandt war, Antonios Belehrung und Sicherheit zu geben. Und er hörte den Engel sprechen: ‚Mach es so und du wirst das Heil erlangen.' Als er das hörte, wurde er von großer Freude und mit Mut erfüllt, und durch solches Tun fand er Rettung".

Die klare Tagesordnung, das gesunde Miteinander von Gebet und Arbeit, von Sitzen und Stehen, von Seile Flechten und Beten, ist der Weg zur inneren Ruhe. Sie klärt die negativen Gefühle und bringt den Menschen innerlich in Ordnung.

UNERSCHÖPFLICH

„Nimm dir jeden Tag eine halbe Stunde Zeit zum Gebet, außer wenn du viel zu tun hast, dann nimm dir eine Stunde Zeit."

Psychologen würden diesen Ratschlag des hl. Franz von Sales vermutlich als paradoxe Intervention bezeichnen. Hilfreich ist er auf jeden Fall.

Ich habe Menschen beobachtet, die immer jammern, dass sie nicht zum Beten kommen, weil sie soviel zu arbeiten haben. Aber wenn ich genauer hingesehen habe, musste ich entdecken, dass es mit ihrer Arbeit gar nicht so weit her war. Sie haben zwar immer gearbeitet, aber es ist kaum etwas dabei herausgekommen. Sie waren immer beschäftigt. Aber wirklich viel haben sie nicht geleistet. Wenn die Herausforderungen durch die Arbeit größer sind, als unserem normalen Maß entspricht, so ist das für Franz von Sales ein Anlass, auch mehr zu beten als sonst. Wer viel arbeitet, muss auch viel beten, damit seine Arbeit gelingt. Das Gebet klärt meinen Geist, damit ich mich nicht blind in die Arbeit stürze. Es bringt mich in Berührung mit meiner wahren Mitte, damit die Arbeit dann wirklich aus der Mitte kommt. Im Gebet entdecke ich die innere Quelle des Heiligen Geistes. Wenn die Arbeit aus dieser inneren Quelle strömt, so werde ich nicht so leicht erschöpft. Denn die Quelle in mir ist unerschöpflich, weil sie göttlich ist.

Wer sich von seiner Arbeit gestresst fühlt, der arbeitet aus eigener Kraft und nicht aus der Quelle des Heiligen Geistes. Ich bin gestresst, wenn ich mich mit meiner Arbeit beweisen will und wenn ich nur mit eigener Kraft arbeite. Wenn die Arbeit aus der inneren Quelle herausströmt, kann ich viel arbeiten, ohne zu ermüden. Die Quelle wird immer von neuem ihr frisches Quellwasser einfließen lassen, so dass ich in der Arbeit nicht in einen unfruchtbaren Trott verfalle, sondern gegenwärtig bin und zugleich kreativ. Spiritualität hat immer auch mit Kreativität zu tun. Weil Stress ein spirituelles Problem ist, braucht mehr Arbeit auch mehr Gebet. Nicht um der Arbeit zu entfliehen, sondern damit sie nicht in Routine verkommt, sondern mit Phantasie und Kreativität vollbracht wird.

WACHSEN LASSEN

„Warte auf das Wunder – wie der Gärtner auf das Frühjahr."

Dieser Satz des Dichters Antoine de Saint-Exupéry steckt voller Weisheit für unser alltägliches Leben.

Wunder kann man nicht machen. Wunder geschehen vor allem dort nicht, wo Menschen hektisch hin- und herlaufen, wo sie etwas erzwingen wollen. Wunder geschehen dort, wo jemand warten kann. Das Wunder der Blüte kann nur derjenige beobachten, der darauf wartet wie der Gärtner. Der Gärtner bereitet mit seiner Arbeit dem Frühling den Weg, aber er kann ihn keinen Augenblick früher herbeiführen. Der Frühling kommt, wann er will. Der Gärtner kann nur dabeistehen und warten.

Mit dem Warten tun sich heute viele Menschen schwer. Sie meinen, alles müsse in möglichst kurzer Zeit vollbracht werden. Doch wo etwas wirklich wachsen soll, braucht es das geduldige Warten. Beziehungen zwischen Menschen brauchen Zeit zum Wachstum. Ein Gruppenprozess braucht Zeit. Viele Firmen beugen sich heute dem Druck, innerhalb von zwei Jahren Erfolge vorzuweisen. Doch sind diese oft nur kurzfristig. Was in zu kurzer Zeit erworben wurde, geht auch schnell wieder verloren. Wachstum braucht Zeit. Das gilt auch für den Wachstumsprozess des Einzelnen. Nur wer geduldig ist mit sich selbst, wer warten kann, wird auch die Früchte seines Reifens ernten.

ARBEIT UND SINN

Für den heiligen Benedikt, der als Vater des abendländischen Mönchtums an der Wiege unserer Kultur steht, ist es wichtig, dass die Mönche sich durch ihre Arbeit selbst ernähren können. Diese Erfahrung gibt ihnen das Gefühl innerer Freiheit. Wenn ich von Wohltätern abhängig bin, werde ich unfrei. Und ich bekomme das Gefühl, dass ich gar nicht selber lebe, sondern gelebt werde. Ich werde von anderen bestimmt. Wer sein Leben selbst in die Hand nimmt, der hat auch Lust an diesem Leben. Arbeit heißt, das Leben selber zu gestalten, kreativ zu sein, etwas Neues zu schaffen. Arbeit ist demnach weniger Last und Mühsal als vielmehr innere Zufriedenheit und Freude. Als einem Goten, der offensichtlich starke Muskeln, aber wenig Verstand hatte, die Axt beim Roden ins Wasser fiel, kommt ihm Benedikt zu Hilfe. Er hält den Holzstiel ins Wasser und sogleich kommt das Beil aus der Tiefe des Wassers nach oben und fügt sich wieder an das Holz. Benedikt gibt dem Goten die Axt zurück mit dem Wort, das die Benediktiner seither über ihre Arbeitsstätten schrieben: „Arbeite und sei nicht traurig!" Die Arbeit ist offensichtlich für den Goten Grund zur Freude. Er fühlt sich dabei am Leben. Er weiß sich gebraucht. Das tut seiner Seele gut.

Mit ihrer Arbeit sollen die Mönche nicht nur für sich selbst sorgen, sondern auch für andere. Jede Arbeit dient anderen Menschen. Das gilt nicht nur für den heute immer größer werdenden Sektor der Dienstleistungen. Auch wenn eine Firma gute Autos herstellt, dient sie damit den Menschen. Die Menschen können sich auf die Autos verlassen. Und sie haben ihre Freude daran und brauchen keine Angst zu haben, dass ihnen unterwegs der Motor auseinanderfällt.

Der Busfahrer, der pünktlich abfährt und sicher den Bus steuert, dient den Menschen. Auch wenn er die Passagiere nicht kennt, so sorgt er sich doch darum, dass sie rechtzeitig ans Ziel kommen. Nicht nur die Krankenschwester und der Arzt, nicht nur der Seelsorger und der Therapeut dienen den Menschen. Bei ihnen spürt man, dass ihre Arbeit den Sinn hat, Menschen zu helfen, sie zu heilen und aufzurichten. Doch auch jeder, der seine Arbeit gut verrichtet, dient damit den Menschen. Wir alle leben vom Dienst anderer. Dass sich ein anderer freut über die Zuverlässigkeit meiner Arbeit, ist mir Motivation genug, sorgfältig zu arbeiten.

DIE ARBEIT UND DAS EGO

„Es gibt zwei Sorten von Menschen: diejenigen, die die Arbeit machen. Und diejenigen, die den Ruhm beanspruchen. Versuche zur ersten Gruppe zu gehören; dort ist das Gerangel weniger schlimm."

Die Tochter eines berühmten Politikers, die selber hohe Leistungen aufzuweisen hat, hat dies gesagt: Indira Gandhi. Sie trifft sich in ihrer Einschätzung – über die Zeiten und Kulturen hinweg – mit einem anderen Menschenkenner.

Schon der heilige Benedikt hat das nämlich in seiner Regel angeprangert. Wer mit seiner Arbeit Ruhm beansprucht, der ist nicht wirklich bei der Arbeit. Er benutzt die Arbeit, um sich in den Mittelpunkt zu stellen. Wer sich mit seiner Arbeit interessant macht und sich über die anderen stellt, der soll nach dem Willen Benedikts abgesetzt werden und eine andere Arbeit bekommen. Denn – so meint Benedikt – von seiner Arbeit gehe kein Segen aus. Seine Arbeit ist kein schöpferischer Prozess mehr, sondern nur noch Mittel zum Zweck. Es geht so jemandem immer nur um den eigenen Ruhm, um das eigene Ego.

Indira Gandhi hat offensichtlich eine ähnliche Erfahrung gemacht. Die Menschen, die arbeiten, weil ihnen die Arbeit Spaß macht, weil sie mit ihrer Arbeit anderen dienen, die ganz in ihrer Arbeit aufgehen, ohne Nebenabsichten, die sind selten. Die meisten, die sich hinter ihrer Arbeit verstecken, verfolgen damit andere Zwecke. Entweder möchten sie sich unangreifbar gegenüber jede Kritik von außen machen. Oder aber sie möchten sich durch ihre Leistung Ruhm erwerben. Es geht ihnen nur um sich selbst, nicht um die Arbeit und nicht um die Menschen, denen sie mit ihrer Arbeit dienen und nützen könnten.

ABHÄNGIGKEIT

Ruhmsucht ist das ständige Sichrühmen vor anderen. Alles tut man nur, um von den Menschen gesehen zu werden. Evagrius beschreibt die Ruhmsucht so: „Der Gedanke der Ruhmsucht ist ein recht schwieriger Geselle. Er entsteht gern in Menschen, die tugendhaft leben möchten. In ihnen weckt er das Verlangen, anderen mitzuteilen, wie schwierig ihr Ringen sei. Sie suchen damit die Ehre der Menschen. So gefallen sich solche Menschen z. B. dabei, sich vorzustellen, wie sie Frauen heilen … Sie stellen sich vor, wie Menschen an ihre Türe klopfen, die sie abholen möchten, um mit ihnen zu sprechen und sie drängen, mitzukommen, wenn sie zaudern."

In der Ruhmsucht denke ich ständig an die Menschen und ihre Meinung. Wie wirke ich auf sie? Finden sie auch gut, was ich tue? Ich bin nicht bei mir, ich mache mich abhängig vom Urteil der Menschen. Ja, ich denke mir immerzu aus, wie ich meinen nächsten Bühnenauftritt möglichst effektvoll gestalten kann, damit ich auch gebührend beklatscht werde. Natürlich tut uns allen gut, wenn wir anerkannt und bestätigt werden. Und es wäre Hybris, wenn wir meinten, wir seien von Anerkennung und Lob völlig unabhängig. Es geht nicht darum, völlig frei davon zu werden, sondern die Suche nach Anerkennung zu relativieren, so dass wir uns von ihr nicht abhängig machen.

DEMUT

Der Altvater Poimen sagt: „Der Mensch bedarf der Demut und der Gottesfurcht wie des Atems, der seiner Nase entströmt."

Demut ist für die Mönche der Mut zur Wahrheit, der Mut, seine eigene Erdhaftigkeit, seine Menschlichkeit anzunehmen. Die Mönche testen einander in der Demut, um zu erfahren, ob einer wirklich ein Mann Gottes ist. „Ein Mönch wurde von den Brüdern vor Antonios gelobt. Da nahm er ihn vor und stellte ihn auf die Probe, ob er Beleidigungen ertragen könne. Als er feststellen musste, dass er sie nicht ertrug, sagte er zu ihm: Du gleichst einem Dorf, das zwar vorne schön geschmückt ist, hinten jedoch von Räubern verwüstet wird."

Die selige Synkletika sagte: „So wie es unmöglich ist, ein Schiff zu bauen ohne Nägel, so kann auch ein Mensch ohne Demut nicht selig werden".

LASS DICH NICHT TREIBEN

„Der Weg des Weisen besteht darin zu handeln. Aber nicht wie in einem Wettbewerb." (Lao-Tse)

Die Weisen aller Welt wissen darum, dass die Arbeit wesentlich zum Menschen gehört. Der Mensch ist von seinem Wesen her jemand, der handelt. Die Hand ist sein vornehmstes Organ. Mit der Hand formt er alles, was er in die Hand nimmt. Er gestaltet die Erde. Er sät aus und erntet. Er gibt dem Menschen die Hand. Handeln gehört zum Wesen der Weisheit. Aber wer in seinem Handeln den andern übertreffen will, wer sich damit selbst beweisen muss, der handelt nicht gut.

Der daoistische (dao heißt: der rechte Weg) Weise Lao-Tse aus dem alten China spricht über das richtige und sinnvolle Leben, wenn er meint, wir sollen handeln, aber nicht wie in einem Wettbewerb. Wir sollen nicht auf die andern schauen und uns mit ihnen vergleichen.

Sobald ich mich in meiner Arbeit mit anderen vergleiche, setze ich mich unter Druck. Ich bin mit den Gedanken nicht bei der Arbeit. Die Arbeit fließt nicht mehr aus mir heraus. Ich sehe nur auf die andern, ob sie schneller sind als ich. Ich werde von meiner Arbeit getrieben und merke gar nicht, wie ich mich nicht mehr auf die Arbeit einlassen kann. Ich bin nicht mehr im Handeln. Vielmehr werde ich getrieben, immer mehr zu tun als die andern. Ich mache meinen Wert abhängig vom Ergebnis meiner Arbeit und vom Vergleich mit anderen. Das zerstört das wahre Handeln.

Richtig handelt, wer ganz in seiner Hand ist, wer mit seiner Hand den Menschen berührt und sich ganz auf das Ding einlässt, das er formt.

KOMM IN DEINE MITTE

„Sei nicht träge und langsam in deinem Tun, nicht eilfertig im Gehen, sonst bist du schlimmer als Geisteskranke, die Unfug machen. Ich sah bisweilen, um Hiobs Worte zu gebrauchen, solche Seelen, die an der Langsamkeit oder Übereiltheit ihres Handelns zugrunde gingen, und erstaunte, wie verschieden das Böse auftritt." (Johannes Climacus)

Die Weisheit des großen Chinesen Lao-Tse über den rechten Weg deckt sich mit der Einsicht der frühen Mönche, die Johannes Climacus in seiner „Himmelsleiter" formuliert. Heute haben wir die Langsamkeit aufs Neue als großen Wert entdeckt. Statt immer mehr zu beschleunigen, sollen wir entschleunigen, bewusst langsamer gehen und langsamer arbeiten. Doch Johannes Climacus meint, sowohl die übertriebene Langsamkeit wie Hetze täten dem Menschen nicht gut, ja sie seien Zeichen von seelischer Krankheit.

Es gibt eine Langsamkeit, die eher der Antriebshemmung entspringt als dem bewussten Tun.

Es gibt Menschen, die in sich langsam sind, weil sie alle Energie für den eigenen Seelenhaushalt verbrauchen, so dass sie nichts mehr für die Arbeit übrig haben. Oder sie sind langsam, weil sie sich nicht entscheiden können, weil sie immer um sich und ihr Perfektsein kreisen. Sie haben Angst, einen Fehler zu machen. So machen sie lieber gar nichts. Doch diese Trägheit ist keine Tugend, sondern eine Krankheit. Genauso krank ist aber auch die Übereiltheit, die Hetze und Hast. Das deutsche Wort „Hast" meint eine Eile, die durch innere Erregung ausgelöst wird. Johannes Climacus sieht das Böse als den Verursacher dieser inneren Erregung. Die Dämonen, so meint er, können sich sowohl in der Langsamkeit als auch in der Übereiltheit ausdrücken. Es geht immer um das rechte Maß des Menschen. Nur wer seinem Maß entsprechend handelt, kommt in seine Mitte, den führt sein Handeln zu seinem wahren Wesen.

ERNTEN UND SÄEN

„Beurteile einen Tag nicht danach, welche Ernte du am Abend eingefahren hast. Sondern danach, welche Samen du gesät hast." (Robert Louis Stevenson)

Nicht jeder Tag ist ein Tag der Ernte. Der Bauer erntet im Sommer und im Herbst und nicht schon im Frühling. Wenn ich am Abend auf meinen Tag schaue, dann ist es mir nicht wichtig, wie viel Erfolge ich vorzuweisen habe. Es ist mir wichtig, dass ich bewusst gelebt habe. Wenn ein Gespräch gelungen ist, wenn ich einen gebeugten Menschen aufgerichtet habe, wenn ich ganz bei dem war, was ich getan habe, dann bin ich dankbar. Aber ich weiß, dass das Gespräch kein endgültiges Resultat ergeben hat, dass der Aufgerichtete sich wieder beugen wird, sobald die nächste Krise kommt. Es ist keine Ernte, die ich in die Scheune einbringen kann. Es ist Samen, den ich gesät habe. Ich bin schon dankbar, wenn ich meine urpersönliche Spur in dieser Welt hinterlassen habe. Und das geschieht immer dann, wenn ich ganz in dem bin, was ich sage und tue, wenn ich präsent bin in der Begegnung, wenn ich das Leben wahrnehme, wie es ist. Alles, was bewusst geschieht, hinterlässt Spuren. Und in diesen Spuren wird ein Same ausgesät, der irgendwann einmal aufgehen wird in den Herzen der Menschen, denen ich begegnet bin, zu denen ich gesprochen, für die ich gearbeitet und mich eingesetzt habe. Und ich vertraue darauf, dass die Worte, die ich heute geschrieben habe, wenn sie aus meinem Herzen kamen, auch die Herzen anderer berühren und in ihnen zu einem Samenkorn werden, das irgendwann einmal im Herzen des Lesers und der Leserin zur Blüte heranreift.

GELD TEILEN

Mehr denn je gilt heute der Grundsatz: „Geld regiert die Welt." Wer Geld hat, gehört zu den Mächtigen und Einflussreichen. Er kann sich leisten, was er möchte. Er kann Macht über andere ausüben. Was das Geld bewirken kann, das weiß jeder. Was Geld ist, das ist kaum einem klar. Eine kurze Definition von Geld lautet: „Geld ist eine Übereinkunft innerhalb einer Gemeinschaft, etwas als Tauschmittel zu verwenden." Geld ist also kein Ding an sich. Es entsteht durch Übereinkunft. Nach außen hin kann Geld wertlos sein. Es ist ein Stück Papier. Doch wir statten es mit Macht aus. Wir sind es, die dem Geld Macht geben. Aus sich heraus hat es keine Macht. Also liegt alles an uns, wie wir mit dem Geld umgehen. Die wichtigste Aufgabe des Geldes ist, dass es Menschen dient. Ich verdiene nicht Geld, um reich zu werden, um mir etwas leisten zu können, sondern um den Menschen zu dienen.

Geld ist Tauschmittel. Es hat also immer schon mit Beziehung zu tun. Denn nur wer in Beziehung zueinander kommt, wird etwas austauschen. Geld soll nicht isolieren, wie es bei manchen Reichen geschieht, die hohe Mauern um ihr Vermögen bauen, damit es ihnen keiner wegnimmt. Geld kann isolieren. Geld muss daher geteilt werden. Dann schafft es ein neues Miteinander. Aber sein Geld wird nur der teilen, der ihm gegenüber innerlich frei ist und wer sich von der Überzeugung leiten lässt, dass Geld den Menschen dient und nicht dem eigenen Reichtum, nicht dem eigenen Image. Manche Reichen verstärken durch Geld ihre Maske. Wer Geld teilt, der nimmt seine Maske ab und tritt in Beziehung zum andern. So ist für mich die Herausforderung der Zukunft, Geld nicht zu verteufeln, sondern spirituell mit dem Geld umzugehen, phantasievoll und kreativ, in innerer Freiheit und in der Bereitschaft, den Menschen zu dienen, in ihnen Leben zu wecken.

FRUCHT BRINGEN

Wie kann dein Leben wirkliche Frucht bringen? Es geht nicht um die Leistung, die du vor aller Welt vorweisen kannst. Dein Leben wird fruchtbar sein, wenn du aus der inneren Quelle heraus lebst, aus der Quelle des Heiligen Geistes.

Lass dich nicht unter Druck setzen, unbedingt etwas leisten und dich beweisen zu müssen. Entscheidend ist es, mit der inneren Quelle deines Lebens in Kontakt zu kommen. Diese innere Quelle des Heiligen Geistes soll sich auch bei dir in alle deine Leidenschaften hinein ergießen und sie befruchten. Dann wird dein Leben Frucht bringen. Um dich herum wird etwas wachsen. Menschen beginnen aufzublühen. Und du selbst darfst dich an der Frucht dankbar freuen, die in dir heranreift.

FLIEH NICHT VOR DIR SELBST

Das ständige Beschäftigtsein kann auch eine Form der Flucht sein, der Flucht vor der Selbsterkenntnis. Dies gilt für Menschen, die mitten im Berufsleben und sich vor lauter Arbeit keine Zeit gönnen. Es gilt aber besonders auch für ältere Menschen. Für C. G. Jung ist die Chance des Alters, nach innen zu horchen, sich Gott zu stellen und in ihm die Erfüllung seines Lebens zu sehen. Heute besteht die Seniorenarbeit vielfach darin, die Leute zu beschäftigen. Man macht weite Fahrten, bietet ständig Programme an. Das ist alles gut gemeint und oft genug sicher richtig. Aber wenn man vor lauter Beschäftigung die Chance des Alters verpasst, dann stimmt es eben nicht mehr.

Nach C. G. Jung besteht unsere Aufgabe darin, ab der Lebensmitte nach innen zu schauen und zu unserem Selbst zu kommen. Wir müssen aufhören, außen nach Erfüllung zu suchen. Für Jung ist das Altwerden ein heiliger Prozess, der den Raum des Schweigens braucht. So schreibt er einem Mann, der unbedingt mit ihm reden wollte: „Einsamkeit ist für mich eine Heilquelle, die mir das Leben lebenswert macht. Das Reden wird mir öfters zur Qual, und ich brauche oft ein mehrtägiges Schweigen, um mich von der Futilität der Wörter zu erholen. Ich bin auf dem Abmarsch begriffen und schaue nur zurück, wenn es nicht anders zu machen ist. Diese Abreise ist an sich schon ein großes Abenteuer, aber keines, über das man ausführlich reden möchte ... Der Rest ist Schweigen! Diese Einsicht wird mit jedem Tag deutlicher, das Mitteilungsbedürfnis schwindet." Die geistliche Aufgabe des Alterns besteht darin, sich über das Geheimnis des Lebens und Sterbens Gedanken zu machen. Und dazu braucht es den Raum der Stille. Wer sein Alter mit lauter Beschäftigung verbringt, vergibt diese Möglichkeit, er vertut eine große Chance zur Reifung.

VON LILIEN LERNEN

„Lernt von den Lilien, die auf dem Feld wachsen: Sie arbeiten nicht, sie spinnen nicht. Ich sage euch: Selbst Salomo war in all seiner Pracht nicht so gekleidet wie eine von ihnen."

Was sagt dieser Satz Jesu aus der Bergpredigt, den Matthäus überliefert, heute noch?

Schon Jesus kannte offensichtlich Menschen, die vor lauter Sorgen den ganzen Tag angestrengt herumlaufen und sich in die Arbeit stürzen, aus Angst, sonst zu kurz zu kommen. Es könnte ja nicht für das Leben genügen, was sie erwirtschaften. Jesus verweist uns auf die Lilien des Feldes. Sie sind schöner gekleidet als der König Salomo, der unzählige Menschen für sich arbeiten ließ. Ernst Bloch, der atheistische Philosoph, meint, dieses Wort Jesu offenbare seine ökonomische Romantik. Jesus hätte keine Ahnung von wirtschaftlichen Zusammenhängen. Doch Jesus weigert sich, das Leben mit Arbeit zu identifizieren. Das Leben ist mehr als Arbeiten. Das Leben ist auch dankbares Genießen dessen, was gewachsen ist, auf dem Feld, aber auch auf dem Acker meiner Seele. Der Mensch sorgt sich um sein Essen und um seine Kleidung. Das sind die beiden ursprünglichsten Motivationen für seine Arbeit. Doch bevor wir uns das Essen und die Kleider verdienen, sollten wir sehen, dass Gott uns Nahrung schenkt und uns kleidet. Die Kleider können nur die Schönheit, die Gott dem Menschen geschenkt hat, deutlicher hervortreten lassen. Aber sie können keinen hässlichen Menschen schön machen. Die eigentliche Schönheit des Menschen kommt von Gott, so wie die Schönheit der Lilien von Gott herrührt. Bevor wir uns an die Arbeit machen, sollten wir erst wahrnehmen, was Gott uns Tag für Tag schenkt. Dann wird die Arbeit den richtigen Rahmen erhalten. Sie wird uns nicht bestimmen, sondern Ausdruck unserer Kreativität sein. Sie wird nicht aus Angst, sondern aus Lust am Schaffen aus uns herausfließen. Sie gehört zu unserem Leben, auch mit ihren Mühen. Aber sie hört auf, unser Leben zu beherrschen.

FINDE DEIN MASS

Jeder Mensch hat sein persönliches Maß. Was ist dein eigenes ganz persönliches Maß? Wo bist du über dein Maß hinausgegangen? Bei welchen Gelegenheiten hast du gespürt, dass du deinen Lebenswagen nicht mehr zu lenken vermagst? Es geht darum, das eigene Maß zu finden. Ein Weg, das eigene Maß zu finden, geht über das Erspüren der eigenen Stimmigkeit. Wenn du mit dir im Einklang bist, wenn du innerlich zur Ruhe kommst, mit dir übereinstimmst, dann spürst du das Maß, das für dich stimmt. Und wenn du nach diesem Maß lebst, dann wird auch dein Leben Frucht bringen. Nicht darum geht es, dass du dich mit anderen vergleichst, sondern dass du den Mut findest, dein eigenes Maß zu finden und nach deinem Maß auch zu leben. Dann wird dein Leben heil und ganz. Und es wird auch für andere zur Quelle des Segens.

WAS IST DEIN ZIEL?

Oft genug verlieren wir über all den vielfältigen Aktivitäten und den hektischen Betriebsamkeiten des Alltags unser eigentliches Lebensziel aus den Augen. Was ist das Ziel deines eigenen Lebens? Kannst du es in wenigen Worten formulieren? Im Psalm 34,15 heißt es: „Suche Frieden und jage ihm nach!" Wie würdest du dein Ziel beschreiben? Jagst du ihm nach? Entscheide dich für das Ziel deines Lebens. Du wirst sehen, wie ein solches Ziel, das du in den Blick nimmst, deine Kräfte sammelt und dir Klarheit und neue Zielstrebigkeit verleiht.

SUCHE TIEFE IN ALLEN BEZIEHUNGEN

BLEIBE BEI DIR – SEI EIN SEGEN FÜR ANDERE

TIEFE IN ALLEN BEZIEHUNGEN

Transzendenz ist nicht etwas jenseits unserer irdischen Welt, sondern es ist die geheimnisvolle Dimension alles Seins, der Grund allen Seins: das Göttliche, das alles Irdische durchdringt. Wenn ich eine Blume bewusst wahrnehme, werde ich in ihr das Geheimnis des Göttlichen entdecken. Sie ist nicht nur Materie, wohlgeformt, in ihr drückt sich auch Gottes Schöpferkraft aus. Und wenn ich die Beziehung zu einem Menschen anschaue, so erlebe ich in der Beziehung zu ihm nicht nur seine Persönlichkeit, nicht nur die Liebe, die zwischen uns hin- und herströmt. Im andern ahne ich vielmehr das Geheimnis der göttlichen Liebe, ein Geheimnis, das ihn übersteigt. Transzendenz in Beziehungen geschieht daher nicht außerhalb der Beziehung zu den Menschen und zur Schöpfung. Sie ist die geheime Tiefe in allen Beziehungen, ein Geheimnis, das in allem anwesend ist.

Die Beziehung zum Transzendenten lässt die Beziehung zu einem Menschen nie langweilig werden. Jeder Mensch ist begrenzt, aber wenn ich in ihm auf das göttliche Geheimnis stoße, dann erlebe ich in dieser Beziehung etwas Unbegrenztes, Unendliches, Unerschöpfliches. Ebenso, wie ich nie mit meinem Staunen ans Ende komme, wenn ich in der Schönheit der Natur Geheimnis des Lebens schlechthin wahrnehme, so geht es mir auch mit den Menschen. Ohne die transzendente Dimension bin ich immer in Gefahr, die Natur oder den Mitmenschen als Objekt zu betrachten und sie für mich auszubeuten. Bei einem Menschen gerate ich leicht in die Falle, ihn für mich zu benutzen, ihn zu beurteilen und in eine Schublade meiner vielen Vorurteile zu stecken. Dann aber entgeht mir seine lebendige Einmaligkeit. Ich werde ihm nicht gerecht. Die Beziehung zum Transzendenten ist daher die Bedingung, dass die Beziehungen zu den Menschen und zu den Dingen richtig wird, das heißt: ihnen gerecht wird.

BLEIBE BEI DIR – GRENZE DICH AB

„Wer Fehler finden will, findet sie auch im Paradies." (Henry Thoreau)

Es gibt Menschen, die finden ein Haar in jeder Suppe. Sie finden selbst im Paradies noch Fehler. Auch da haben sie etwas auszusetzen. Die Frage ist, woher solche Haltung kommt. Offensichtlich sind es Menschen, die zutiefst unzufrieden sind mit sich selbst. Weil sie mit sich nicht im Frieden sind, kann sie nichts zufriedenstellen. Und wenn andere etwas loben und bewundern, steigt in ihnen der Neid hoch. Sie müssen das Gute, das der andere bestaunt und genießt, zerstören. Es gibt für sie nichts, was sie zufriedenstellen könnte, weder ein Mensch noch Gott, weder der Himmel noch die Hölle, weder das Paradies noch der Alltag. An allem haben sie etwas auszusetzen. Neben solchen Menschen lässt sich nicht gut leben. Sie haben einen Drang, auch die Menschen um sich herum nach unten zu ziehen. Sie verbreiten eine Atmosphäre von Unzufriedenheit, Quengelei, Bitterkeit und Unfrieden.

Gegenüber solchen Menschen bleibt uns nichts anderes übrig, als uns abzugrenzen und unsere eigene Seele zu schützen, damit sie nicht angesteckt wird vom Fieber des Unfriedens. Wenn ich mich gegenüber solchen Menschen abgrenze, dann verurteile ich sie nicht. Ich lasse sie so, wie sie sind: „Du darfst so sein, wie du bist. Du darfst die Welt so sehen, wie du sie siehst. Aber ich weigere mich, deine Sichtweise für mich zu akzeptieren. Ich verzichte auch darauf, dich vom Gegenteil zu überzeugen. Denn ich weiß, dass das ein endloses Unterfangen wird, bei dem ich mir nur die Zähne ausbeißen werde. Ich lasse dich. Aber ich bleibe auch bei mir und lasse mir meine Sicht der Dinge."

KEIN VERGLEICH

„An welchen Ort du auch hinkommst, vergleiche dich nicht mit anderen, und du wirst Ruhe finden." (Abbas Poimen)

Sobald wir in eine Gruppe von Menschen kommen, setzt bei uns der Mechanismus des Vergleichens ein. Ich vergleiche mich mit den andern: Schauen sie besser aus als ich? Sind sie intelligenter als ich? Verdienen sie mehr Geld als ich? Ziehen sie mehr Aufmerksamkeit auf sich, als mir das gelingt? Sind sie spiritueller als ich? Solange ich mich mit anderen vergleiche, werde ich nie zur Ruhe finden. Ich werde mich entweder entwerten und die andern aufwerten oder aber umgekehrt. Aber ich bin nie bei mir. Ich bin immer bei den andern. Und so komme ich nie zur Ruhe. Nur wenn ich darauf verzichte, mich mit andern zu vergleichen, werde ich Ruhe finden. Dann werde ich mit mir selbst konfrontiert und eingeladen, mich mit mir und meiner Wirklichkeit auszusöhnen. Der Verzicht auf das Sich-Vergleichen führt mich zur Dankbarkeit für das, was Gott mir geschenkt hat und jeden Augenblick anbietet. Anstatt auf die andern zu schauen, nehme ich mich wahr, wie ich selber bin. Ich bin bei mir. Ich bin einfach da. Das ist die Bedingung, um Ruhe finden zu können. Denn Ruhe heißt einfach: da sein, ruhen, im Einklang mit sich sein, im Frieden den Augenblick genießen.

NICHT-RICHTEN

Ein Kennzeichen, ob die Askese den Mönch zu Gott geführt hat, ist das Nicht-Richten. Wenn ein Mönch noch so streng fastet und noch so hart arbeitet, dann taugt das alles nicht, wenn er trotzdem noch andere richtet. Die Askese hat ihn dann nur dazu geführt, dass er sich über andere erheben kann. Sie hat der Befriedigung seines Stolzes gedient, der Steigerung seines Selbstwertgefühls. Wer in seiner Askese sich selbst begegnet ist, wer es ausgehalten hat, im Kellion zu bleiben, wenn das Verdrängte hochkommt, dem ist jedes Richten über andere vergangen. So mahnen viele Vätersprüche dazu, bei sich zu bleiben, sich mit der eigenen Wahrheit zu konfrontieren und nicht über andere zu richten.

„Der Altvater Poimen bat den Altvater Joseph: ‚Sage mir, wie ich Mönch werde.' Er antwortete: ‚Wenn du Ruhe finden willst, hier und dort, dann sprich bei jeder Handlung: Ich – wer bin ich? Und richte niemand?'"

URTEILE NICHT

Andere nicht zu richten ist für die Wüstenväter auch eine Hilfe, die eigene innere Ruhe zu finden. Wenn wir aufhören, andere zu verurteilen, tut uns das selber gut.

„Abbas Poimen wurde von einem Bruder gefragt: ‚Was soll ich tun, Vater, denn ich werde von Traurigkeit niedergeschlagen?' Der Greis antwortete ihm: ‚Schaue niemand für nichts an, verurteile niemand, verleumde niemand, und der Herr wird dir Ruhe geben.'"

Das Urteilen verschafft uns keine Ruhe. Denn indem wir den andern verurteilen, spüren wir unbewusst ja doch, dass wir auch nicht perfekt sind. So ist der Verzicht auf das Urteilen und Richten ein Weg zum inneren Frieden mit uns selbst. Wir lassen die andern sein, wie sie sind, und können auf diese Weise auch wir selber sein.

„Ein Altvater wurde einmal von einem Bruder gefragt: ‚Warum urteile ich eigentlich so häufig über meine Brüder?' Und er antwortete ihm: ‚Weil du dich noch nicht selbst kennst. Denn wer sich selber kennt, der sieht die Fehler der Brüder nicht.'"

SCHWEIGEN ALS WEG

Das Schweigen ist der Weg, sich selbst zu begegnen und die Wahrheit des eigenen Herzens zu entdecken. Schweigen ist aber auch der Weg, frei zu werden vom ständigen Beurteilen und Verurteilen der andern. Wir sind ja immer in Gefahr, jeden Menschen, dem wir begegnen, zu bewerten, einzuschätzen, zu beurteilen. Und oft genug finden wir uns dabei wieder, dass wir ihn verurteilen und richten. Schweigen aber hindert uns zu richten. Es konfrontiert uns immer wieder mit uns selbst. Es verbietet uns den Weg, unsere Schattenseiten auf die andern zu projizieren.

DISTANZ UND NÄHE

Gedanken und Gefühle können unser Leben bestimmen. Wir können uns von Ärger und Ressentiments bestimmen lassen. Wichtig ist, dass wir unsere Gefühle ernst nehmen, dass wir sie nicht gleich bewerten. Sie haben alle ihren Sinn. Auch Ärger und Wut haben ihren Sinn. Es kommt nur darauf an, angemessen damit umzugehen. Aggressionen wollen das Verhältnis von Nähe und Distanz regeln. Wenn wir also aggressiv werden, ist es immer ein Zeichen, dass wir mehr Distanz brauchen, dass wir andern zu viel Macht über uns gegeben haben.

Ich kenne auch selber die Erfahrung, dass ich meine Gefühle fromm entwerte. Wenn ich in einem Beichtgespräch Ärger spüre, weil es so zäh geht, dann reiße ich mich zusammen und sage mir: „Der andere kann nichts dafür. Ich bin Priester, und ich bin freundlich." Doch ein Mitbruder sagte mir – zu Recht – einmal: „Nimm deinen Ärger ernster, sonst wirst du ärgerlich auf alle Menschen."

Ich kenne Menschen, die in ihrer Jugend begeistert waren – und auf einmal pessimistisch und destruktiv werden. Der Grund dafür: Sie haben jahrelang ihren Ärger nicht ernst genommen und sind nun auf alle und alles ärgerlich geworden. So weit sollten wir es nicht kommen lassen. Das schulden wir den anderen – und uns selber.

WUT TUT GUT – ZORN ZERREIßT

Wut ist oft eine wichtige Kraft, um uns von negativen Erinnerungen zu befreien und um Menschen aus uns herauszuwerfen, die uns verletzt haben. Solange wir um die Verletzung kreisen, geben wir denen, die uns verwundet haben, Macht über uns. Manche wühlen da ständig in ihren eigenen Wunden. Da ist Wut eine ganz wichtige Kraft. Wenn ich Wut empfinden kann gegenüber dem, der mich verletzt hat, dann kann ich mich distanzieren, dann kann ich trennen zwischen den Problemen des andern und meinen eigenen. Wut ist der erste Schritt zur Befreiung und Heilung.

Ärger und Wut sollten uns aber nicht auf Dauer bestimmen. Eine Hilfe ist, den Ärger vor dem Schlafengehen anzuschauen und abzulegen, damit er sich nicht im Traum im Unbewussten festsetzt und sich am nächsten Tag als diffuse Unzufriedenheit äußert. Wenn wir den Ärger in die Nacht mitnehmen, verlieren wir die Kontrolle über uns, wir werden weiter aus dem Unbewussten von Ärger und Groll gesteuert. „Lass die Sonne nicht über deinem Zorn untergehen, sonst kommen während deiner Nachtruhe die Dämonen und ängstigen dich und machen dich so noch feiger für den Kampf des folgenden Tages. Denn die Wahnbilder der Nacht entstehen gewöhnlich durch den erregenden Einfluss des Zorns. Und nichts macht den Menschen so sehr bereit, sein Ringen aufzugeben, als wenn er seine Regungen nicht kontrollieren kann."

Wenn der Zorn das Unbewusste infiziert hat, verliert der Mensch jede Kontrolle über sich, und er wird seinem Zorn schutzlos ausgeliefert. Das aber zerreißt ihn.

SCHWEIGEN HEILT

Schweigen ist der spirituelle Weg schlechthin. Im Schweigen begegnen wir uns und unserer inneren Wirklichkeit. Aber das Schweigen ist auch ein Weg, frei zu werden von den Gedanken, die uns ständig beschäftigen. Da geht es nicht um ein äußeres Schweigen, sondern um ein Schweigen des Herzens. Das äußere Schweigen kann aber eine Hilfe dafür sein, dass auch das Herz still wird, dass die Emotionen sich legen und uns nicht mehr bestimmen.

Das Aussprechen der Verletzungen ist sicher ein gutes Mittel, damit sie heilen können. Das hat uns die Psychotherapie heute zur Genüge gezeigt. Aber es gibt durchaus auch das Heilmittel des Schweigens. Im Schweigen können sich die inneren Erregungen beruhigen, da kann sich der aufgewirbelte Staub setzen, so dass sich das Innere klärt wie beim trüben Wein, der durch stilles Lagern klarer wird.

WAS TUN?

Der Weg zu einer spirituellen Lebenskultur war für die Mönche immer die konkrete Übung. Meistens waren es drei Ratschläge, die ein Altvater einem jungen Mönch gab, der ihn nach dem Weg zum wahren Mönchtum fragte.

„Ein Bruder, der mit anderen Brüdern zusammenlebte, fragte den Altvater Besarion: ‚Was soll ich tun?' Der Greis antwortete ihm: ‚Schweige und miss dich nicht mit anderen.'"

Eine andere Übung zeigt uns Antonios: „Der Altvater Pambo fragte den Altvater Antonios: ‚Was soll ich tun?' Der Alte entgegnete: ‚Baue nicht auf deine eigene Gerechtigkeit und lass dich nicht ein Ding gereuen, das vorbei ist, und übe Enthaltsamkeit von der Zunge und vom Bauch.'"

NUR KEIN NEID

Der Neid zeigt sich im ständigen Sich-Vergleichen mit andern. Ich kann keinem andern begegnen, ohne mich mit ihm zu vergleichen. Ich fange sofort an zu werten, zu bewerten, zu entwerten und aufzuwerten. Normalerweise versuche ich den andern zu entwerten, um mich selbst aufzuwerten. Ich schaue nach seinen Schwachstellen oder entwerte sein Auftreten als verklemmt, als krankhaft, seinen Erfolg als Schein, seine Intelligenz als schwach usw. Und umgekehrt: Wenn mir das nicht gelingt, dann entwerte ich mich selbst und hebe den andern auf den Podest.

Auch im Neid bin ich nicht bei mir, bin ich mit mir selbst nicht zufrieden, habe kein Gefühl für meine Würde. Ich erkenne meinen Wert immer nur im Vergleich mit andern. Das ist sehr anstrengend. Es zwingt mich entweder, die andern übertreffen zu müssen, oder aber es stürzt mich in Depression, weil ich keine Chance sehe, mit den andern mithalten zu können.

BEGEGNUNG ALS CHANCE

Immer wieder können wir es erfahren, auch im Gespräch, in der Begegnung: Da wird auf einmal das, was die Menschen mitbringen, verwandelt. In solchen geglückten Situationen spüren sie, dass alles, was sie sind, einen Sinn hat. Thomas von Aquin hat einmal gesagt: Jeder Mensch ist ein einzigartiger Ausdruck Gottes. Und in der Tat: Die Welt wäre ärmer, wenn nicht jeder von uns auf seine persönliche und einzigartige Weise Gott in dieser Welt sichtbar und vernehmbar machen würde. So geschieht Verwandlung.

Du selber kannst Zeuge dieses wunderbaren Wandlungsprozesses sein, und oft genug darfst du selbst aktiv mithelfen, dass sich Chaos in Ordnung, Dunkles in Helles, Krankes in Heiles und Abgelehntes und Verdrängtes verwandelt in das unberührte Bild Gottes. Wer das in sich entdeckt, findet seine persönliche Berufung, sein Charisma, sein Wort, das nur er dieser Welt zu sagen hat.

ANDERE AUFRICHTEN

Ein wunderbares Bild dafür, wie wir miteinander umgehen sollten, ist für mich die Heilung der gekrümmten Frau, von der Lukas im 13. Kapitel erzählt: Wenn wir resigniert sind, gekrümmt unter der Last des Lebens, unterdrückt von andern, erdrückt von den eigenen Problemen, zerbrochen, gebrochen – dann ist es gut, dieses Bild anzuschauen. Der Rücken ist für uns alle ein sensibler Körperbereich. Für viele ist er der Müllplatz für ihre unbearbeiteten Gefühle. Rückenschmerzen sind oft Ausdruck für nicht zugelassene Emotionen. Einer sagte mir einmal, bei ihm hätten sich alle ungeweinten Tränen in den Rücken hinein verkrochen. Der Rücken hat aber auch mit Rückgrat zu tun. In dieser Geschichte aus der Bibel wird von zwei Menschen erzählt, die kein Rückgrat haben. Das ist einmal die Frau, der man das Rückgrat buchstäblich gebrochen hat. Und dann ist da der Synagogenvorsteher, der sich einen Ersatz für sein mangelndes Rückgrat geschaffen hat. Psychologen sagen: Wenn jemand keinen väterlichen Menschen erlebt hat, der ihm das Rückgrat gestärkt und ihm Mut zum Wagnis geschenkt hat, braucht er einen Vaterersatz. Und das ist nicht selten die Ideologie, die starre Norm. Der Synagogenvorsteher verschanzt sich in der Tat hinter seiner rigiden Ideologie. Er scheint nach außen hin stark, aber in Wirklichkeit hat er kein Rückgrat. Ihn kann Jesus nicht heilen. Anders die Frau mit dem gekrümmten Rücken. Sie schaut er an, er gibt ihr Ansehen, indem er sie auffordert, zu ihm zu kommen, indem er sie hervorlockt aus ihrer Selbstisolierung. Und er spricht sie an, genauer: Er spricht das Gute in ihr an: „Frau, du hast eine unantastbare Würde. Du bist wertvoll. Du hast Kraft. Du bist gut." Er bestätigt seine Worte mit seinen Händen, indem er die Frau liebevoll berührt. Im gleichen Augenblick richtet sie sich auf. Das ist für mich ein wunderbares Bild für eine ganz aktuelle Weisheit: Jeder von uns kann immer wieder Menschen aufrichten. Wir spüren selber Befreiung, wenn andere Menschen durch unsere Zuwendung sich aufrichten, wenn sie ihre unantastbare Würde erfahren, die Gott ihnen schenkt, wenn sie auf einmal erleben, dass sie mehr sind als Pflichterfüller und Leistungsträger. Wenn Menschen sich geachtet fühlen, dann erfüllt sich genau diese Geschichte. Dann passiert „Leben in Fülle".

RATGEBER WERDEN

Wir spüren in uns einen Drang, unsere Wunden zu verstecken. Vielleicht wehrst auch du dich dagegen, sie anderen zu zeigen. Du denkst, das würde dich schwächen. Die Leute würden über dich schlecht reden, sie würden dich verachten und dich aus ihrer Gemeinschaft ausschließen. Doch das Gegenteil ist der Fall. Wenn du den Mut findest, deine Wunden zu zeigen, dann wirst du erfahren, wie Menschen zu dir kommen und dir von ihren Verletzungen und ihren Wunden erzählen. Du wirst zu einem Ratgeber für andere. Deine Wunde wird zu einer kostbaren Perle werden, für dich selbst und für andere.

Du musst deine Wunde freilich nicht jedem zeigen und brauchst auch ein Gewand, mit dem du deine Wunde bedecken kannst vor neugierigen Gaffern.

Spüre, wo es angebracht ist, die Wunden zu zeigen, und wo es besser ist, sie zu bedecken.

LUST AM LEBEN WECKEN

Wer Verantwortung für andere hat, kann sie auf verschiedene Weise wahrnehmen. Er kann andere klein machen, damit er an seine eigene Größe glauben kann. Er kann abhängige Menschen um sich sammeln, deren einzige Aufgabe ist, den Chef zu bewundern. Doch wenn ich andere klein mache, kann ich auch nur eine kleine Leistung erwarten. Und von Bewunderungszwergen wird nichts Kreatives ausgehen. Für mich heißt Verantwortung und Führung: Leben wecken, Leben hervorlocken. Das verlangt, dass ich mich in den Einzelnen hineinmeditiere, dass ich mir bewusst mache, was ihn bewegt, worunter er leidet, wonach er sich sehnt, was in ihm an Potential steckt. Es verlangt ein gutes Sichhineinspüren in den andern, um den Schlüssel zu entdecken, durch den ich Zugang finde zum inneren Reichtum, der in jedem steckt, zu seinen Fähigkeiten, zu seiner Phantasie und Kreativität. Wer Leben weckt in den andern, dessen Arbeit ist in sich sinnvoll. Er dient mit seiner Arbeit dem Leben, der Gesundheit, der Freude, der Lust am Leben. Und er tut in seiner Arbeit nichts anderes, als das Gebot Jesu zu erfüllen: „Liebe deinen Nächsten wie dich selbst!"

VERGEBEN

„Der Schwache kann nicht verzeihen. Verzeihen ist eine Eigenschaft der Starken." Das ist das Wort eines frommen Hindu, Mahatma Gandhi – eines Menschen, dessen Friedfertigkeit und dessen Wille so stark waren, dass er eine Weltmacht in die Knie zwang und Weltgeschichte geschrieben hat. Er hat sich in seinem Engagement übrigens ausdrücklich auf Jesus berufen.

Manche Christen empfinden es als Last, dass sie dem vergeben sollen, der sie verletzt hat. Bei ihnen bekommt die Vergebung einen resignierenden Beigeschmack. Ich darf gar nicht wütend sein. Ich muss vergeben. Doch das ist nicht die Idee der Verzeihung. Verzeihung ist immer Ausdruck von Stärke und nicht von Schwäche.

Ich kann dem andern nur vergeben, wenn ich mich erst einmal innerlich von ihm distanziert habe. Dazu brauche ich die Aggression, eine starke innere Kraft, mit der ich den andern aus mir herauswerfe.

Der zweite Schritt der Vergebung ist dann, dass ich die Verletzung beim andern lasse. Vergeben heißt: das, was der andere mir antut, wegzugeben, so dass es mich nicht mehr belastet.

Der dritte Schritt besteht dann darin, dass ich versuche, den andern zu verstehen. Wenn ich ihn verstehe, dann ist die Vergebung nicht mehr eine mühsame Pflicht, der ich mich unterziehe, um dem Gebot Jesu zu gehorchen, sondern ein Akt der Befreiung. Wenn ich verstehe, dass der andere mich nur verletzt hat, weil er selbst ein „verletztes Kind" ist, weil er seine eigenen Verletzungen weitergegeben hat, dann hat er keine Macht mehr über mich. Ich werde frei von dem, was er mir angetan hat.

Solange ich nicht vergeben kann, bin ich an den andern gebunden. Vergebung befreit mich. Manche Menschen werden nicht gesund, weil sie nicht vergeben können. Es braucht einen guten Selbstand, um vergeben zu können. Und zugleich führt die Vergebung zu innerer Stärke und Klarheit und Freiheit.

ERBARMEN ÜBEN

„Wer Erbarmen übt, tut sich selbst wohl." Diese Einsicht steht in der Bibel (Sprüche 11,17). Sie ist gültig bis heute – vom „Mehrwert des Guten" hat Allan Luks einmal in zeitgemäßer Sprache gesprochen: Wer andern hilft, hilft auch sich selbst.

Auch das Gegenteil liegt auf der Hand: Wer den andern hart behandelt, tut sich selber weh. Wenn ich einen anderen anschreie, verletze ich mich selber. Ich möchte das Zarte in mir mit Geschrei übertönen. Doch das tut meiner Seele nicht gut. Wenn ich mich des andern erbarme, bin ich auch mir selbst gegenüber barmherzig. Barmherzig sein heißt, ein Herz für das Arme und Verwaiste, für das Elende und Verwundete in mir zu haben. Ich kenne allerdings auch Menschen, die andern gegenüber barmherzig sind, aber sich selbst mit einem harten und fordernden Herzen begegnen. Bei diesen Menschen kommt das Erbarmen nicht wirklich aus ihrem Herzen. Es entspringt nur ihrem Willen. Doch in solchen Fällen kommt das Erbarmen beim andern nicht wirklich als Barmherzigkeit an, sondern eher als etwas, das dem Empfänger ein schlechtes Gewissen macht, das ihn mit Schuldgefühlen erfüllt. Bei solcher „Barmherzigkeit" fühle ich mich nicht wohl. Ich werde die Barmherzigkeit des andern nur als wohltuend erfahren, wenn er mit sich selbst barmherzig umgeht. Dann wird das Erbarmen wechselseitig. Das Erbarmen tut mir und dem andern gut. Beide spüren wir unsere Herzen, die aufhören, zu verurteilen und zu fordern, die sich vielmehr öffnen und sich erbarmen.

GUTES TUN

„Durch nichts ist der Mensch den Göttern näher, als wenn er seinem Nächsten Gutes tut." Der römische Philosoph und Redner Cicero hat das gesagt und also schon vor Christus und außerhalb der jüdischen Theologie erkannt, dass die Nächstenliebe den Menschen in die Nähe Gottes bringt. Wer etwas Gutes tut, wird im andern Menschen etwas von seiner göttlichen Würde entdecken. Und er wird in sich selbst mit dem göttlichen Kern in Berührung kommen. Er wird im Gutes-Tun entdecken, dass in ihm eine göttliche Liebe ist, an der er teilhat. Darin besteht seine tiefste Würde.

HELFEN

„Wer andern gerne hilft, wird wohlgenährt; wer andre sättigt, wird auch selber gesättigt." (Sprüche 11,25)

Als das Buch des Psychologen Wolfgang Schmidbauer „Die hilflosen Helfer" erschien, wurde es modern, jedes Helfen zunächst einmal zu hinterfragen. Manche Menschen helfen andern, doch in Wirklichkeit brauchen sie selbst Hilfe. Sie verlagern ihre Hilflosigkeit nach außen und erwarten sich davon Rettung. Andere üben Macht aus mit ihrem Helfen. Doch bei allem kritischen Hinschauen gibt es eben auch das echte Helfen. Und das Helfen muss gar nicht ganz rein sein, als ob wir nur aus ganz edlen Gründen helfen. Wer andern hilft, der bekommt auch etwas zurück. Das Buch der Sprüche formuliert es sehr realistisch: Der Helfer wird vom Helfen satt.

Eine Mönchsgeschichte bringt das Bild vom ungereinigten Getreide, das wir säen. Wir haben kein reines Getreide. Doch anstatt zu warten, bis unsere Motivation ganz und gar rein ist, sollen wir lieber das ungereinigte Getreide aussäen, damit wir und andere davon satt werden. Wer all sein Tun völlig hinterfragt, wird nie zum Handeln kommen, das ihm und andern Segen bringt. Ich darf beim Helfen dankbar wahrnehmen, dass es auch mir gut tut, dass ich etwas zurückbekomme, wenn ich einem andern beistehe.

RUHIGES WASSER

Das Sich-selbst-Aushalten ist die Voraussetzung für jeden geistlichen Fortschritt, aber auch für menschliche Reife. Es gibt keinen reifen Menschen, der nicht den Mut hatte, sich selbst auszuhalten und seiner eigenen Wahrheit zu begegnen. Eine Vätererzählung vergleicht das Bleiben in der Zelle mit dem ruhigen Wasser, in dem man sein Gesicht klarer erkennen kann: „Drei Studierende, die sich liebten, wurden Mönche, und jeder von ihnen nahm sich ein gutes Werk vor. Der erste erzählte dies: Er wollte Streitende zum Frieden zurückführen, nach dem Wort der Schrift: Selig sind die Friedfertigen. Der zweite wollte Kranke besuchen. Der dritte ging in die Wüste, um dort in Ruhe zu leben. Der erste, der sich um die Streitenden müht, konnte doch nicht alle heilen. Und von Verzagtheit übermannt, ging er zum zweiten, der den Kranken diente, und fand auch den in gedrückter Stimmung. Denn auch er konnte sein Vorhaben nicht ganz ausführen. Sie kamen daher beide überein, den dritten aufzusuchen, der in die Wüste gegangen war, und sie erzählten ihm ihre Nöte und baten ihn, er möge ihnen aufrichtig sagen, was er gewonnen habe. Er schwieg eine Weile, dann goss er Wasser in ein Gefäß und sagte ihnen, sie sollten hineinschauen. Das Wasser war aber noch ganz unruhig. Nach einiger Zeit ließ er sie wieder hineinschauen und sprach: ‚Betrachtet nun, wie ruhig das Wasser jetzt geworden ist.' Und sie schauten hinein und erblickten ihr Angesicht wie in einem Spiegel. Drauf sagte er weiter: ‚So geht es dem, der unter den Menschen weilt: Wegen der Unruhe und Verwirrung kann er seine Sünden nicht sehen. Wer sich aber ruhig hält und besonders in der Einsamkeit, der wird bald seine Fehler einsehen'".

Hier wird nicht die Nächstenliebe verurteilt. Es wird vielmehr die Gefahr deutlich, die im Helfenwollen stecken kann. Da meinen wir, wir könnten der ganzen Welt helfen. Dahinter steckt jedoch oft ein Omnipotenzgefühl. Bei allem, was wir tun, braucht es immer wieder auch das Aushalten, das Bleiben in der Zelle und das Schweigen. Dadurch wird das Wasser in unserem Gefäß ruhig, und wir können unsere Wahrheit in ihm erkennen.

SORGT FÜR EUCH SELBER

Es gibt Menschen, die sich zu sehr für andere aufopfern und sich selbst dabei vergessen. Ihnen sage ich immer wieder: Sorgt auch für euer eigenes Wohl. Aber dem, der vor lauter Sich-selbst-Wohltun nur noch um sich kreist, kann ich nur einen anderen Rat geben: Gehe auf andere Menschen zu. Lass dich auf sie ein. Versuche zu helfen, wo du helfen kannst. Schenke deine Zuwendung.

Gut zu leben heißt immer auch: in Beziehung leben. Wer nur um sich selber kreist, der tut sich selbst nichts wirklich Gutes. Nur wer andere liebt, bekommt die Liebe zurück. Jeder, der einem anderen schon einmal wirklich helfen konnte, konnte es erfahren: Das Glück dessen, dem man geholfen hat, strahlt auf den Helfer zurück.

TEILEN

„Der Geschmack des geteilten Brotes hat nicht seinesgleichen", sagt Antoine de Saint-Exupéry.

Viele haben diese Erfahrung gemacht, dass Brot besser schmeckt, wenn man es mit einem andern teilt. Wir sind auf der Wanderung. Ein Wanderer hat kein Brot mitgenommen. Er hat sich verschätzt. Wir geben ihm von unseren Broten. Es schmeckt ihm und uns besser. Offensichtlich ist es nicht nur das Brot, das den Geschmack hergibt. Es ist auch die Liebe, die wir in das Brot hineinlegen, die das Brot so schmackhaft macht. Und es ist die Gemeinschaft, die entsteht, wenn wir miteinander das Brot teilen. In jeder Eucharistiefeier bricht der Priester das Brot und teilt es aus. Er tut das, was Jesus beim letzten Abendmahl getan hat: „Während des Mahls nahm er das Brot und sprach den Lobpreis; dann brach er das Brot, reichte es ihnen und sagte: Nehmt, das ist mein Leib." (Mk 14,22) Die Jünger haben in diesem gebrochenen und geteilten Brot Jesus selbst geschmeckt, der sie bis zur Vollendung geliebt hat, der sich für sie zerbrechen ließ, damit ihr Leben nicht zerbricht, der sich selbst ihnen mitteilte, damit sie auf neue Weise ihr Leben miteinander teilen.

HEILEN

Wenn sich die Menschen durch dich geachtet fühlen, bei einer Begegnung, beim Gruß, den du ihnen schenkst, dann geschieht durch dich genau das, was durch Jesus geschehen ist. Noch heute geschieht Heilung auf die gleiche Weise. Auch durch uns – wenngleich nicht durch unser Verdienst: Wir dürfen Menschen, die sich selbst nicht bejahen können, die sich aussätzig fühlen, bedingungslos annehmen und ihnen so die eigene Selbstannahme ermöglichen. Da dürfen wir Menschen, die blockiert sind, gehemmt und gelähmt, wieder zum Leben hervorlocken. Da gelingt es uns manchmal, dass Menschen, die verstummt sind, die niemanden haben, mit dem sie über sich und ihre eigentliche Wahrheit reden, zu sprechen beginnen, dass Menschen, die taub geworden sind, die sich innerlich verschlossen haben, wieder durch ein Wort angerührt werden und ihr Herz öffnen. Und da erleben wir, wie Menschen, die sich mit Schuldgefühlen selbst zerfleischen, Vergebung erfahren und frei werden von der destruktiven Tendenz der Selbstverstümmelung. Solche Wunder geschehen auch heute immer wieder, nicht durch unser Verdienst, sondern weil Gott uns schwache Menschen immer wieder als sein Werkzeug nimmt, um heute Menschen zu heilen und zu befreien. Das ist göttliches Leben, das durch uns hindurchgeht, über das wir nur dankbar staunen dürfen.

FRIEDEN SCHAFFEN

Wir alle suchen nach Frieden. Du wirst keinen Frieden schaffen, wenn du nicht auch deine kämpferische Seite mit einbringst. Manchmal ist diese aggressive Kraft hilfreich, um Friedensziele durchzusetzen. Manchmal scheint sie aber auch Zeichen einer inneren Unzufriedenheit zu sein. Wenn Menschen, die in sich zerrissen sind, Frieden stiften wollen, erreichen sie nur das Gegenteil. Frieden entsteht nicht durch Verdrängen oder Unterdrücken der Aggression. Du musst deine kämpferische und aggressive Seite anschauen und sie in deinen Kampf für den Frieden mit dir selbst und mit den Menschen integrieren. Dann wirst du in dir Frieden erfahren, und von dir wird Frieden ausgehen in deine Umwelt.

VERANTWORTUNG

Es ist bequem, Verantwortung nicht wahrzunehmen: für sein eigenes Leben und für die Welt, in der wir leben. Wir können nicht unser Leben lang andere dafür verantwortlich machen, dass wir es so schwer haben. Irgendwann müssen wir die Verantwortung für unser Leben übernehmen und selber zu leben versuchen. Natürlich gibt es in uns allen immer wieder die Versuchung, Problemen aus dem Weg zu gehen oder vor Schwierigkeiten davonzulaufen. Wir alle haben aber auch die Erfahrung gemacht: Wenn einer, der etwa in einer Gemeinschaft oder einer Firma Verantwortung trägt, jeden Konflikt scheut und die Probleme unter den Teppich kehrt, entsteht ein giftiges Klima. Wenn dagegen jemand die glühenden Kohlen anfasst, kann er eine andere Atmosphäre schaffen. Wie steht es mit deiner eigenen Konfliktbereitschaft? Schiebst du die Probleme lieber von dir weg? Wir alle brauchen den Geist, der uns befähigt, glühende Kohlen in die Hand zu nehmen. Wenn du aus diesem Geist lebst, wirst du vor den persönlichen Problemen und vor den Konflikten in deiner Umgebung nicht davonlaufen, sondern sie anpacken, damit sich etwas klären kann.

Jeder von uns ist immer zugleich Geführter und Führender. Wie Führung gelingen kann, das ist heute in vielen Bereichen eine entscheidende Frage. Die einen führen autoritär. Andere schieben die Probleme vor sich her und lassen sich von der Volksmeinung führen. Finde die Situation heraus, wo du mit deinen Fähigkeiten zu führen gefragt bist. Zeige dort Stärke, wo deine Führung gebraucht wird. Nimm deine Verantwortung wahr. Trau dir zu, Führung zu übernehmen, wenn Konflikte um dich herum auftauchen. Anstatt zu jammern, wie schwierig alles ist, ergreife die Initiative und gestalte mit starker und klarer Hand, was chaotisch und unklar ist.

AUF ANDERE ZUGEHEN

Viele denken heute, sie müssten vor allem ihre eigenen Grenzen wahren, damit sie sich nicht überfordern. Doch oft genug fühlen sie sich in ihren engen Grenzen eingezwängt, und das Leben in ihnen erstirbt.

Trau dich, auf Menschen zuzugehen, nicht um dein schlechtes Gewissen zu beruhigen, sondern aus einer inneren Freiheit heraus. Entwickle Phantasie, wie du Freude in das Leben der Menschen bringen kannst, denen du begegnest. Die Rosen, die du in das Leben anderer bringst, duften nicht nur für sie, sondern auch für dich. Sie erfüllen auch dein Herz mit Liebe und Freude.

Indem du dich auf Menschen zubewegst, kommt in dir etwas in Bewegung, wirst du innerlich frei und weit. Das war das Geheimnis der heiligen Elisabeth. Die Legende vom Rosenwunder erzählt davon. Es könnte auch das Geheimnis deines Lebens werden.

ZUM SEGEN WERDEN

Auf Not treffen wir auch noch heute, wenn wir nur die Augen aufmachen. Vielleicht denkst du, wo soll ich schon Not lindern können. Ich habe doch nichts zu bieten. Ich habe keine besonderen Fähigkeiten. Aber auch du kannst zur Quelle des Segens werden, so wie du bist. Du musst nichts Besonderes können. Du brauchst keine außerordentliche Begabung. Vertraue darauf, dass Gott dich zu einer Quelle des Segens gemacht hat für andere. Du musst nur deine Spur finden, du musst den Weg herausfinden, auf dem du für andere zum Segen werden kannst. Wenn du authentisch lebst und ein Gespür hast für die Menschen, die deiner bedürfen, dann wird auch dein Leben fruchtbar werden für diese Welt.

NIMM DEINE FREUNDE ALS GESCHENK

RESONANZ DER MELODIE DEINES
HERZENS

EIN GESCHENK

Neben der Liebe bedarf der Mensch der Freundschaft, wenn er nicht Schaden an seiner Seele nehmen will. Antike Dichter und Philosophen leben aus dem Schatz der Freundschaft und singen ihr Lob. Für die griechischen Philosophen ist die Freundschaft immer auch Ausdruck von Tugend. Pythagoras, der selbst einen philosophischen Freundesbund leitete, nennt die Freundschaft die Mutter aller Tugenden. Freundschaft können demnach nur Menschen miteinander schließen, in denen ein guter Kern ist. Wer nur um sich selbst kreist, der ist in sich gefangen und daher unfähig zur Freundschaft. Doch bei aller menschlichen Voraussetzung für das Entstehen echter Freundschaft haben die Menschen immer auch erfahren, dass es ein Gottesgeschenk ist, wenn zwei Menschen zueinanderfinden. So sagt der bedeutendste aller griechischen Philosophen, Platon: „Gott macht die Freunde; Gott bringt den Freund zum Freund."

Eine höhere Macht ist es letztlich, die Menschen, in denen gleicher Seelenklang ertönt, zueinanderführt. Freunde wissen oft selber nicht, warum sie Freunde geworden sind und wie die Freundschaft entstanden ist. Es ist immer etwas Geheimnisvolles um das Werden der Freundschaft. Auf einmal ist sie da. Die Türe in meinem Herzen wurde gerade für diesen Menschen geöffnet.

ÜBEREINSTIMMUNG

Der griechische Philosoph Aristoteles kennt drei Arten der Freundschaft: die Freundschaft um des Nutzens, der Lust oder des Guten willen. Die beiden ersten sind für ihn im Grunde egoistisch und halten meist nur kurze Zeit. Nur die um des Guten willen geschlossenen Freundschaften sind dauerhaft und verdienen eigentlich den Namen Freundschaft. In ihnen wird sichtbar, dass beide das Gleiche wollen oder – wie Aristoteles sagt – dass Freunden alles gemeinsam ist. Die römischen Philosophen Cicero und Seneca führen weiter, was Aristoteles über die Freundschaft geschrieben hat. Für sie ist Freundschaft Übereinstimmung in allen heiligen und weltlichen Dingen, verbunden mit gutem Willen und Zuneigung. Für Cicero gehört dies zur Freundschaft: „Dasselbe wollen und dasselbe nicht wollen".

WIE DIE SONNE

Die Freundschaft ist wie die Sonne, die das Leben des Menschen erhellt. So hat es der römische Philosoph Marcus Tullius Cicero erfahren: „Die nehmen aus dem Weltenraum die Sonne weg, die aus dem Leben die Freundschaft wegnehmen."

Ohne Freundschaft wird das Leben in der Tat dunkel und freudlos. Psychologen wissen davon zu berichten, dass Menschen, die keine Freunde haben, an Schicksalsschlägen und Krisen wesentlich mehr leiden. Sie kommen manchmal nicht über die Erfahrung eines tiefen Leides hinweg. Gerade im Leiden bewährt sich der Freund. Wer da treu zur Seite steht, erweist sich erst als Freund. Cicero hat das in dem berühmten Satz zum Ausdruck gebracht: „Amicus certus in re incerta cernitur. Ob einer ein zuverlässiger Freund ist, das erkennt man in der Gefahr."

SCHWEIGEN UND STAUNEN

„Die besten Freunde sind diejenigen Menschen, mit denen man über dieselben Dinge schweigen kann." Es war ein weiser Mann, der dies gesagt hat. Denn es ist wahr: Zur Freundschaft gehört das Gespräch. Im Gespräch berühren wir das Geheimnis des andern. Da kommen wir uns einander näher. Wir dürfen alles sagen, ohne es auf die Goldwaage zu legen. Doch zur Freundschaft gehört auch das Schweigen. Ein intensives Gespräch mündet oft im Schweigen. Wenn wir noch weitersprechen würden, würden wir das, was wir im Gespräch berührt haben, zerreden. Im Schweigen werden wir auf neue Weise eins miteinander.

Der eingangs zitierte Satz meint noch etwas anderes. Es spricht davon, dass die Freunde über dieselben Dinge schweigen können. Wie soll man über etwas schweigen? Schweigen ist doch einfach nur die Stille. Da ist doch gar kein Thema da. Über dieselben Dinge schweigen meint sicher nicht: brisante Themen auszuklammern, die zum Streit führen könnten. Da wäre Schweigen nur eine Vermeidungsstrategie. Schweigen über dieselben Dinge, das heißt für mich, dass man gemeinsam etwas schweigend genießen kann, etwa einen Sonnenuntergang, eine Bruckner'sche Symphonie, ein Gemälde. Die Freunde bleiben schweigend und staunend stehen, wenn sich auf einmal bei der Bergwanderung eine wunderbare Aussicht eröffnet. Sie genießen schweigend das Panorama. Sie lassen dem andern das schweigende Staunen. Sie zerreden nicht die Schönheit der Schöpfung. Sie schweigen miteinander, um das in sich eindringen zu lassen, was jeden persönlich berührt. Irgendwann ist dann auch die Stunde, dass man über diese Erlebnisse sprechen kann. Aber zu einer Freundschaft gehört es, dass man tiefe Erfahrungen schweigend miteinander teilt, anstatt sie durch Reden analysieren zu wollen. Der Freund lässt dem andern das Geheimnis. Er öffnet für den anderen einen Raum der Stille. Die Stille, die der Freund mir schafft, hat eine andere Qualität als das Schweigen, das ich in der Einsamkeit wahrnehme. Gemeinsame Stille verbindet, sie führt uns ein in das Geheimnis des Seins, in das Geheimnis Gottes.

HERZENSMELODIE

Seit jeher haben die Weisen den Wert der Freundschaft gepriesen und in immer neuen Bildern das Geheimnis des Freundes ausgedrückt. Ein Bild hat sich mir besonders tief eingeprägt: „Ein Freund, das ist jemand, der auf die Melodie deines Herzens hört – und sie dir wieder vorsingt, wenn du sie einmal vergessen hast."

Ich weiß nicht mehr, von wem dieser Satz stammt. Aber dass der Freund auf die Melodie meines Herzens hört – das ist für mich ein wunderbares Bild. Der Freund hört genau hin, was mich im Innersten bewegt. Er hört sich in mich hinein, um zu entdecken, was die Grundmelodie meines Lebens ist, um wahrzunehmen, wo und wie mein Leben zum Schwingen und Tönen kommt. Und wenn ich diese Melodie vergessen habe, weil ich mich durch die Anforderungen des Alltags von mir selbst entfernt habe, dann singt mir der Freund diese Melodie vor. Er bringt mich wieder in Berührung mit meinem eigentlichen Kern, mit meinem wahren Wesen. Er spiegelt mir, wer ich bin. Der Freund erinnert mich an das, was ich im Tiefsten bin. Seine Aufgabe ist also mehr, als mich nur zu verstehen und mehr als nur bei mir zu stehen. Er nimmt vielmehr die Melodie meines Herzens in sich hinein, um sie dann wieder neu zum Klingen zu bringen, wenn sie in mir verstummt ist.

FESTES ZELT

Die eigene Not ist für die Weisen der Bibel ein Testfall für den wahren Freund. So heißt es im Buch Jesus Sirach, in dem griechische Weisheit mit jüdischer Spiritualität verbunden wird: „Mancher ist Freund als Gast am Tisch, am Tag des Unheils ist er nicht zu finden. In deinem Glück ist er eins mit dir, in deinem Unglück trennt er sich von dir. Trifft dich ein Unglück, wendet er sich gegen dich und hält sich vor dir verborgen." (Sir 6, 10–12) Erst im Leiden wird die wahre Freundschaft erprobt. Der wirkliche Freund steht dem Leidenden treu zur Seite. Er geht mit ihm durch alle seine Schwierigkeiten und Nöte. Von so einem Freund gilt die Erfahrung, die Jesus Sirach mit den Worten ausdrückt: „Ein treuer Freund ist wie ein festes Zelt; wer einen solchen findet, hat einen Schatz gefunden. Für einen treuen Freund gibt es keinen Preis, nichts wiegt seinen Wert auf." (Sir 6, 14f) Der Freund ist wie ein schützendes Zelt, das sich über mir wölbt. In diesem Zelt kann ich daheim sein. Da bin ich geborgen, geschützt von der stechenden Sonne und der nächtlichen Kälte.

HALT IN HALTLOSER ZEIT

Ein Meister der Freundschaft war Augustinus. Von ihm stammt das berühmte Wort: „Sine amico nihil amicum. Ohne Freund kommt einem nichts freundlich vor".

Ohne Freund wird das Leben grau. Da verliert es alle Liebenswürdigkeit. Augustinus baut einen christlichen Freundeskreis auf. Er kann ohne Freunde nicht sein. Und er leidet doch daran, dass es eine letzte Übereinstimmung zwischen den Freunden nicht gibt. Er braucht die Freunde, um mit ihnen über das Geheimnis des Lebens und über die Liebe Gottes zu sprechen. Seine wesentlichen Gedanken entfaltet er im Gespräch mit Freunden. Augustinus schreibt seine Bücher nicht in der einsamen Kammer, sondern immer in Beziehung zu diesen Freunden. Er will mit seinen Gedanken die Freunde erfreuen. Er versucht auf ihre Fragen zu antworten. Ein großer Teil der Werke des Augustinus besteht aus Predigten. Sie sind deswegen so lebendig, weil er seine Hörer immer im Blick hat. Dieser Blick auf die Menschen, auf ihre Sehnsüchte, auf ihre Nöte treibt ihn dazu, in den Worten der Bibel eine Antwort zu finden auf die tiefste Unruhe des menschlichen Herzens. Und die Freunde locken aus ihm die wunderbaren Formulierungen hervor, die wir von Augustinus kennen.

In den kirchlichen Streitigkeiten und in den politischen Konflikten seiner Zeit fühlte sich Augustinus oft einsam. Sein feinfühliges Herz schmerzte, wenn er selbst angegriffen wurde. Er konnte und wollte nicht mit gleicher Härte zurückschlagen. Im Kreis der Freunde aber fühlte er mitten in der Fremde dieser Zeit Heimat. Es war die Zeit, in der die Grundfesten des Abendlandes wankten. Die antike Kultur zerfiel. Rom, die stolze Hauptstadt, wurde eingenommen. Freunde wurden da ein wichtiger Halt in der Haltlosigkeit der Zeit. Der Kreis der Freunde war ein Ort, an dem Augustinus diese Welt ertragen konnte. Und er war zugleich für ihn Verheißung einer ewigen Heimat: Himmel ist, wenn unser Herz nicht nur bei Gott sein, sondern in der Gemeinschaft all derer sein wird, die wie wir Gott gesucht haben.

KOSTBARKEITEN

Schreiben gehört wesentlich zur Freundschaft. Der Freundschaft verdanken wir wohl die schönsten Briefe der Weltliteratur. Heute haben wir leider verlernt, einander Briefe zu schreiben. Und doch braucht die Freundschaft den Brief, in dem ich dem Freund mitteile, was mich bewegt. Konstantin Raudive sagt einmal: „Menschen, die keine Briefe gewechselt haben, kennen einander nicht." Für den Philosophen Ernst Horneffer ist der Brief an den Freund wie ein Fest, das wir mitten im Alltag feiern: „Der Brief sei dir ein Fest! Dieses Fest darfst du dir gönnen. Ein griechischer Weiser sagte: ‚Ein Leben ohne Feste ist wie eine Wanderung ohne Herberge.' Schaffe dir in der harten, ruhelosen Wanderung eine Raststätte der Seele – im Brief." Die Liebe, die in uns ist, will Ausdruck. Der Brief ist ein bleibender Ausdruck der Freundschaft. Ihn kann ich immer wieder lesen. Franz Xaver las kniend und unter Tränen die Briefe, die ihm sein Freund Ignatius von Loyola schrieb. Die Briefe ließen die Freundschaft lebendig bleiben, auch wenn sich die Freunde nie mehr im Leben sahen.

Wenn ich an einen Freund oder an eine Freundin einen Brief schreibe, so kommen mir andere Worte in den Sinn als beim Brief an einen Fremden. Der Freund bringt mich in Berührung mit den inneren Ahnungen. Er treibt mich dazu, den leisen Impulsen meines Herzens Ausdruck zu geben. So sind gerade die Briefe an Freunde oft so kostbar. In ihnen finden sich Formulierungen, auf die wir von uns aus nie kommen würden. Die Freundschaft lockt aus unserem Herzen Worte hervor, die nicht nur dem Freund gelten, sondern die das Geheimnis des Lebens und der Liebe selber beschreiben. Briefe, die Freunde sich geschrieben haben, etwa die Briefe zwischen Dietrich Bonhoeffer und seiner Braut oder die Briefe zwischen Bonifatius und Lioba, stellen daher einen bleibenden Wert auch für uns dar, wenn wir sie heute lesen. Und viele nehmen diese Briefe heute gerne zur Hand, um dem Geheimnis der eigenen Freundschaft nachzuspüren und sich von ihnen inspirieren zu lassen.

HEIMAT

In der Freundschaft erfahren wir Heimat. Rainer Maria Rilke sagt: „Was ich an Heimat habe, liegt, da und dort verteilt, im Bewusstsein der Freunde." Dort, wo die Freunde sind, dort ist Heimat. Und Heinrich Zschokke drückt die gleiche Erfahrung so aus: „Wer ohne Freund ist, geht wie ein Fremdling über die Erde, der zu niemandem gehört." In der Zeit des Rokoko, in der sich der Bürger in einem absolutistischen Staat oft genug ohnmächtig und überflüssig fühlte, wurde die Freundschaft zu einem Raum, in dem man sich mit Gleichgesinnten traf und darin die Erfüllung des eigenen Daseins erfuhr. Wie Chateaubriand es ausdrückt, zog man sich „mit einem vollen Herzen in einer leeren Welt" in die Freundschaft zurück. Freundschaft wurde zum Ort, an dem man sich daheim fühlte. Was die Menschen damals erlebten, trifft auch auf unsere Zeit zu. Gerade in der Anonymität unserer Zeit braucht es Orte der Heimat, Orte, an denen ich zu Hause sein kann. Auch heute gilt: Dort, wo Freunde sind, entsteht Heimat.

WEGBEGLEITER

Ein japanisches Sprichwort sagt: „Mit einem Freund an der Seite ist kein Weg zu lang." Der Freund an der Seite gibt uns Kraft, weiterzugehen, auch wenn die Schwierigkeiten von allen Seiten auf uns einstürmen. Er hält uns, nicht aufzugeben, wenn wir mit dem Rücken an der Wand stehen. Er motiviert uns, den Kampf des Lebens zu wagen. Ohne Freund sind wir in Gefahr, den Boden unter den Füßen zu verlieren. Wenn ich weiß, dass mein Freund zu mir steht, dann relativieren sich die Probleme. Ohne Freund hätte ich schon manchmal gesagt: „Macht euren Dreck alleine!" Aber ich weiß genau, dass ich mir und den Menschen, für die ich verantwortlich bin, mit dieser Reaktion keinen Gefallen getan hätte. Das Gespräch mit dem Freund lässt mich schnell meine eigenen Lebensmuster durchschauen. Ich spüre, wenn ich in eine Sackgasse rennen würde. Der Freund bewahrt mich davor. Er gibt mir den langen Atem, den ich brauche, um meinen Weg zu Ende zu gehen.

BESCHWINGT

Die seit ihrer frühen Jugend gelähmte Schriftstellerin Zenta Maurina hat die Freunde als Quelle ihres Lebens erfahren, als Quelle auch der Kraft, dieses behinderte Leben in einer guten Weise zu meistern: „Was für den Vogel die Kraft der Schwingen, das ist für den Menschen die Freundschaft; sie erhebt ihn über den Staub der Erde." In der Tat: Der Freund an der Seite ist wie ein Vogel, der mich auf dem beschwerlichen Weg meines Lebens emporhebt, damit ich leichten Schrittes den Weg weitergehen kann, ohne über jeden Stein zu stolpern, der sich mir in den Weg legt. Das Gespräch mit dem Freund relativiert die Probleme und lässt sie mich in einem anderen Licht sehen. Sie sind nicht mehr so bedrohlich. Die Nähe des Freundes wird zu einem Schutz vor den negativen Emotionen, die mir von außen entgegenkommen. Sie wiegt all das Schwere auf, das täglich auf mich einstürmt.

FLUSS DER GEFÜHLE

Es ist keineswegs selbstverständlich, dass Freundschaft gelingt. Georges Bernanos bezeichnet die Langeweile als die größte Gefahr: „Keine Freundschaft vermag der Langeweile zu widerstehen." Wenn sich Freunde nichts mehr zu sagen haben, wenn sie sich an sich gewöhnt haben, aber nicht mehr offen sind für etwas, das sie übersteigt, dann wird die Langeweile die Freundschaft töten. Es fließt nichts mehr zwischen den Freunden. Die Freundschaft vertrocknet, versandet. Langeweile entsteht immer dann, wenn die Quelle der Phantasie und Kreativität versiegt. Oft besteht die Ursache dafür darin, dass man die eigenen Gefühle vor dem andern verschließt. Je mehr man aber an Gefühlen zurückhält, desto weniger kann in uns und zwischen uns strömen. Wir verhärten uns immer mehr. Und diese Härte wird zur Langeweile. Wir öden uns an, anstatt voller Begeisterung uns all das zu erzählen, was wir spüren und erleben.

Wer ständig beschäftigt ist, wer sich in die Arbeit flüchtet, der hat nicht nur keine Zeit zur Freundschaft, sondern er wird auch unfähig, einem andern Freund zu sein. Nicht die Erfolgreichen sind die besten Freunde, sondern die vom Schicksal Benachteiligten, die sich ihrer eigenen Gefährdung stellen, die sich ihrer Grenzen und Schwächen bewusst sind. Freundschaft braucht Offenheit für den andern. Wer seine Gefühle mit Aktivitäten zustopft, wird unfähig, sie mit dem Freund zu teilen. Wer aber nichts mehr zu teilen hat, kann keines Menschen Freund sein. Genießen kann die Freundschaft nur, wer sich seiner eigenen Armut stellt.

So hat es Johann Wolfgang von Goethe erfahren: „Nur uns Armen, die wir wenig oder nichts besitzen, ist es gegönnt, das Glück der Freundschaft in reichem Maße zu genießen. Wir haben nichts als uns selbst. Dieses ganze Selbst müssen wir hingeben."

GLEICHHEIT

„Jedes zu große Übergewicht von einer Seite stört die Freundschaft", sagt Adolf Freiherr von Knigge. Wenn der eine Freund sich als Helfer, Therapeut, Gönner des anderen gibt, dann zerstört das die Freundschaft. Freundschaft braucht ein Du und Ich, das auf der gleichen Ebene steht. Einer beschenkt den andern. Eine befruchtet die andere. Wenn eine Helferbeziehung zur Freundschaft wird, dann muss der Helfer von seiner Position herabsteigen und sich auf die Ebene des Freundes begeben. Wenn er immer wieder seine Vaterrolle oder Helferrolle einnimmt, zerstört er damit die Freundschaft. Der Freund fühlt sich behandelt und belehrt, aber nicht um seiner selbst willen geliebt.

„Übermaß der Wohltaten schwächt die Freundschaft statt sie zu stärken", sagt Ernst Raupach. Es gibt Freunde, die dem Freund zu viel schenken. Das bewirkt im Freund das Gefühl, der andere möchte sich die Freundschaft erkaufen. Er wird das Gefühl unterdrücken. Aber schon bald wird das unterdrückte Gefühl in ihm zur Aggression und schließlich zur Verhärtung führen. Und das verhärtete Herz kann keine Freundschaft mehr fühlen. Es darf kein Gefälle in der Freundschaft geben, etwa das Gefälle des reichen Gebers und des armen Empfängers, des Unwissenden und des Wissenden, des Gesunden und des Kranken. Freundschaft braucht die Gleichheit der Freunde, sonst ist sie bedroht.

ERKENNEN

Freundschaft und Liebe vermögen den Menschen aus seiner Einsamkeit zu befreien und seinem Leben einen neuen und tieferen Sinn zu geben. Dabei wird die Einsamkeit nicht aufgehoben, sondern verwandelt. Echte Freundschaft und Liebe brauchen freilich auch die innere Einsamkeit. Rainer Maria Rilke sagt von der freundschaftlichen Liebe: „Die Liebe besteht darin, dass zwei Einsamkeiten sich gegenseitig schützen und lieben." Wenn der andere meine Einsamkeit respektiert und zugleich liebt, dann verliert sie das Bedrohliche. Sie wird der Ort, an dem ich ganz eins bin mit mir. Das ist die Voraussetzung, dass ich auch mit dem Freund eins werden kann.

Freundschaft hilft immer dazu, den anderen in seinem wahren Wesen zu erkennen. Augustinus sagt mit Recht: „Nur dank der Freundschaft kann man jemanden wahrhaft erkennen." In der Freundschaft berühre ich das Herz des andern mit all seinen Höhen und Tiefen. Ich spüre, was er fühlt und denkt. Ich sehe, was ihn bewegt und bedrängt. Ich verzichte darauf, zu urteilen und zu bewerten. Ich schaue einfach hin und nehme alles so, wie es ist. Wer den Freund oder die Freundin in seiner ganzen Tiefe erkannt hat, der wird nun auch andere Menschen mit einem klareren Blick betrachten. Und er wird darauf verzichten, sie zu beurteilen. Die Freundschaft befähigt ihn, auch andere Menschen vorurteilslos anzunehmen.

Freundschaft kann sich in Liebe wandeln, und Liebe kann sich mit der Freundschaft verbinden. Psychologen haben festgestellt, dass Ehen, die aus einer langjährigen Freundschaft heraus geschlossen werden, länger halten als Ehen, die Verliebte aufgrund ihrer leidenschaftlichen Liebe eingehen. Aber auch wenn sich Verliebte heiraten, kann ihre Ehe sich zur Freundschaft wandeln. Wenn die Ehe nur auf den körperlichen Reizen aufgebaut ist, haben sich die Eheleute oft bald nichts mehr zu sagen. Wenn sie jedoch nach den ersten Enttäuschungen lernen, über sich hinauszusehen und ihre geistigen Interessen miteinander auszutauschen, kann aus der Liebe Freundschaft werden. Dann wird die Freundschaft die Liebe vertiefen und die Liebe die Freundschaft befruchten.

MÄNNERFREUNDSCHAFTEN

Auch heute sind für viele Männer ihre Freunde wichtig. Es gibt viele Männergruppen, in denen man sich austauscht und miteinander etwas unternimmt. Und es gibt wichtige persönliche Freunde. Mit ihnen wollen die Männer Freundschaft auch weiterhin leben, wenn sie verheiratet sind. Für junge Ehefrauen ist das manchmal ein Problem. Sie meinen, der Mann müsse nun alle seine Liebe nur ihr zeigen. Doch offensichtlich braucht ein Mann auch den Freund, um ganz er selbst zu werden. Selbst die Liebe zu seiner Frau, auch wenn sie noch so erfüllend ist, ersetzt ihm nicht auf Dauer diese Qualität der Freundschaft. Wenn Männer aus Rücksicht auf ihre Frau mit ihren Freunden brechen, so tut das in der Regel der Ehe nicht gut. Freunde geben der Ehe einen größeren und solideren Rahmen. Die Freundschaft mit anderen Männern bereichert die Liebe zwischen Mann und Frau, anstatt sie zu gefährden. Sie entlastet sowohl den Mann als auch die Frau von Übererwartungen. Die Frau kann nicht alle Erwartungen des Mannes erfüllen und umgekehrt. Beide brauchen noch andere Beziehungen, damit die eigene Beziehung das richtige Maß findet.

FRAUENFREUNDSCHAFTEN

Es gibt viele Freundschaften zwischen unverheirateten Frauen. Sie begleiten einander, geben einander Halt, tauschen sich aus, teilen ihre Erfahrungen, ihre Gefühle, ihre Erlebnisse. Sie verreisen miteinander und haben die gleichen Interessen. Manchmal befruchten sie sich gegenseitig auf ihrem spirituellen Weg. Viele Ehefrauen sind miteinander befreundet. Während die Männer in der Arbeit sind, treffen sie sich, sprechen über die Kinder und über ihre Partnerschaft. Die Freundschaft mit anderen Frauen gibt ihnen ein Gefühl von Heimat. Die Freundschaft zwischen einer unverheirateten und verheirateten Frau hat ihren eigenen Wert. Oft ist sie für beide fruchtbar. Die verheiratete hat durch ihre Freundschaft teil an der Welt der unverheirateten und umgekehrt. Das erweitert ihren Horizont und relativiert ihre Probleme.

Frauen, die auf ihre Weise echte Freundschaft leben, erfahren, was Anna Luise Karsch mit den Worten ausgedrückt hat: „Meine Freunde sind das kostbarste Geschenk meines Glückes. Ich vertausche sie nicht für Reichtümer." Viele Frauen fühlen sich von ihren Freundinnen genauso gehalten wie von ihren Familien. Die Schriftstellerin Zenta Maurina schreibt echten Freundinnen die Fähigkeit zu, „trübe Dezemberstunden in Maitage zu verwandeln und mitten in der Nacht ein Licht zu entzünden".

FREIRAUM

Das Wort Freundschaft hat die althochdeutsche Wurzel „frija", die sowohl frei als auch lieben (frijon) bedeutet. Freiheit und Liebe begegnen sich in der Freundschaft. Für die Germanen ist der Freund der, den man schützt und dem man beisteht, den man gerne hat und liebt. Der Freund ist frei. Er lebt sein eigenes Leben. Und doch weiß er sich vom Freund oder von der Freundin geliebt. Die Liebe engt ihn nicht ein. Sie verpflichtet ihn nicht, die Wohltaten des Freundes zurückzuzahlen. Was er für den Freund tut, das tut er aus Liebe und aus freiem Willen. Und er bindet den Freund nicht durch seine Wohltaten und durch seine Liebe, sondern lässt ihn frei.

Das rechte Miteinander von Liebe und Freiheit zu finden, ist nicht einfach. Unsere Liebe ist oft genug vermischt mit Besitzansprüchen, mit Festklammern, mit Erwartungen an den andern. Und sie erhebt oft den Anspruch der Gegenseitigkeit. Was ich für den andern tue, das erwarte ich auch von ihm. Doch dieses Rechnen verunmöglicht wahre Freundschaft. Es gibt Freunde, die sich jahrelang nicht sehen und nicht miteinander kommunizieren. Doch sobald sie sich treffen, flammt die Freundschaft wieder auf. Die Liebe und das Verstehen strömen zwischen den beiden, als ob sie sich erst gestern getrennt hätten. Sie sind miteinander vertraut. Sie kommen in der Erzählung sofort zum Wesentlichen. Sie berühren einander. Sie werden eins in ihrem Herzen. Sie haben sich gegenseitig in die Freiheit entlassen, ohne ihre Liebe zueinander zu verlieren.

Das Verhältnis von Freiheit und Liebe wird bei jedem Freundespaar anders sein. Immer wenn ich einen Freund gern habe, entsteht auch ein Stück Abhängigkeit. Wenn ich mir dieser Abhängigkeit bewusst werde, kann ich mich davon distanzieren und den Freund bewusst freilassen. Echte Freundschaft zeichnet sich durch innere Freiheit aus. Ich darf sagen, was ich fühle, ohne alles berechnen zu müssen. Ich bin frei, den Weg zu gehen, den ich als richtig erkannt habe. Ich brauche keine falsche Rücksicht auf den Freund zu nehmen, wenn ich spüre, dass ich eine andere Aufgabe oder einen anderen Wohnort wählen sollte. Ich kann frei atmen. Und ich lasse auch dem Freund den Freiraum, den er für sein Leben braucht.

TRAU DER LIEBE – UND GEH IHR AUF DEN GRUND

NUR MIT DEM HERZEN SIEHST DU GUT

GEHEIMNIS DES HERZENS

Eines der berühmtesten Worte von Antoine de Saint-Exupéry, das viele Menschen nach wie vor berührt, steht in seiner Parabel vom „Kleinen Prinzen", jenen Geschichten von der Suche des Menschen nach Glück: „Adieu, sagte der Fuchs. Hier mein Geheimnis: Es ist ganz einfach: Man sieht nur mit dem Herzen gut. Das Wesentliche ist für die Augen unsichtbar."

Die deutsche Sprache hat für die drei Wörter glauben, lieben und loben die gleiche Wurzel: liob = gut. Glauben heißt „für lieb halten, gutheißen". Liebe besteht darin, das Gute, das ich im andern sehe, gut zu behandeln. Und loben meint: das Gute auch ansprechen und gut über einen Menschen reden und ihm so Raum zur Entfaltung und zum Wachsen schaffen.

Die Sprache und was sich in ihr an Weisheit verdichtet hat, entspricht der Erfahrung des Fuchses aus dem Kleinen Prinzen von de Saint-Exupéry. Das Herz sieht gut. Und indem es gut sieht, entdeckt es das Gute im andern. Wer mit einer schwarzen Brille auf den andern sieht, wird nur das Dunkle in ihm wahrnehmen. Das Lichte und Helle, das Gute und Milde wird er übersehen. Nur wenn ich mit meinem Herzen auf meinen Nachbarn sehe, werde ich ihm gerecht. Aber die Voraussetzung ist, dass mein Herz gut ist, dass ich die destruktiven Gedanken nicht in mein Herz lasse. Wessen Herz eine Mördergrube ist, der kann auch nicht gut sehen und das Gute im andern erkennen.

Das Wesentliche ist für die Augen unsichtbar. Die Augen sehen die Oberfläche. Sie nehmen wahr, wie die Gesichtszüge des andern sind. Sie nehmen den Ärger wahr, die Unzufriedenheit, die Verschlossenheit, die Härte, den Gram und das Leid. Das Herz sieht tiefer. Es sieht hinter das Antlitz eines Menschen. Es sieht in sein Herz. Und im Herzen eines jeden Menschen erkennt es die Sehnsucht, gut zu sein, im Frieden mit sich und der Welt zu sein, die Sehnsucht, sich und sein beschädigtes Leben Gott hinzuhalten und in Gott Heilung zu finden und in Einklang zu kommen mit sich selbst.

Das Wesentliche eines Menschen ist unsichtbar. Aber auch das Wesentliche der Welt.

Lebenskunst besteht darin, mit dem Herzen zu sehen. Nur wenn ich mit dem Herzen sehe, begegne ich in der Blume der Schönheit ihres

Schöpfers und im Baum meiner eignen Sehnsucht, fest verwurzelt zu sein in einem tieferen Grund. Nur dann empfinde ich sogar beim Anblick eines Baumes die Sehnsucht, so in meine Gestalt hineinzuwachsen und so aufzublühen, dass andere in meinem Schatten Geborgenheit und in meiner Nähe Trost finden.

Nur das Herz sieht in allem die Spuren jener letzten Wirklichkeit und Gewissheit, die mich aus dem Antlitz jedes Menschen und aus jedem Stein und jedem Grashalm anblickt, um mir zu sagen: „Du bist geliebt. Die Liebe umgibt dich in allem, was du siehst."

NICHT FESTHALTEN

„Liebe lässt sich nur bewahren, indem man sie verschenkt: Ein Glück, das wir für uns allein suchen, ist nirgends zu finden, denn ein Glück, das sich verringert, wenn wir es mit anderen teilen, ist nicht groß genug, um uns glücklich zu machen." Der wohl bekannteste Mönch des 20. Jahrhunderts hat diese Einsicht formuliert: Thomas Merton.

Und doch: Ich erlebe immer wieder viele Menschen, die es als ihre wichtigste Aufgabe ansehen, sich von andern abzugrenzen. Sie haben eine heillose Angst, dass sie einmal ausgenutzt werden könnten, dass sie sich mit ihrem Einsatz für andere überfordern. Doch wer so ängstlich nur auf seine Abgrenzung blickt, wird nie die Liebe erfahren, zu der er fähig ist. Die Liebe will fließen. Und nur wenn sie fließt, kann ich sie spüren. Ich kann die Liebe nicht in einem verschlossenen Gefäß aufbewahren. Dann würde sie schnell verderben. Natürlich braucht die Liebe auch die Grenze. Denn wir sind nicht Gott. Wir können nicht unbegrenzt lieben. Aber wir haben teil an der Unbegrenztheit der göttlichen Liebe. Wenn unsere Liebe aus der Quelle der göttlichen Liebe strömt, dann fließt sie aus uns heraus, ohne dass wir uns verausgaben. Dann wird sie sogar stärker, wenn sie von uns auf andere fließt. Wir bekommen etwas zurück, ohne dass wir das bezwecken. Wer nur liebt, damit er geliebt wird, fühlt sich bald verausgabt. Wer jedoch der Liebe traut, die in ihm strömt, der wird beschenkt, wenn er sie weiterschenkt.

Nur solch verströmende Liebe macht den Menschen glücklich. Das Glück, das ich festhalten, das ich für mich allein reservieren muss, ist kein wirkliches Glück. Thomas Merton weiß im Einklang mit allen Weisen dieser Welt, dass ein Glück, das nicht mit andern geteilt werden kann, zu klein ist, um uns wirklich glücklich zu machen. Glück braucht immer auch eine innere Weite und Freiheit, ein Strömen und Fließen des Lebens und der Liebe. Alles egoistische Festhalten zerstört das Glück.

NICHT KLAMMERN

„Wer an seinem Leben hängt, verliert es; wer aber sein Leben in dieser Welt gering achtet, wird es bewahren bis ins ewige Leben." Dieser Satz steht im Evangelium des Johannes (Joh 12,24f). Wir müssen demnach uns und unsere Vorstellungen vom Leben loslassen, dann wird sich uns ein Raum von neuen Möglichkeiten auftun. Wir müssen den Nächsten loslassen, dann wird wirkliche Beziehung möglich. Wenn sich in einer Partnerschaft einer am anderen festklammert, wird die Beziehung auf die Dauer unmöglich. Eine Partnerschaft kann nur bestehen, wenn einer den andern auch loslässt und freilässt. Loslassen, so sagt uns auch die Psychologie, ist die Voraussetzung für ein erfülltes Leben.

LIEBE BRAUCHT ZEIT

„Wer ungeduldig ist, der liebt nicht." Als ich diesen Satz – ein italienisches Sprichwort – zuerst gelesen habe, war ich sehr verwundert. Wie hängen Geduld und Liebe zusammen? Warum ist der Ungeduldige unfähig zu lieben? Doch die Liebe hat in der Tat mit Warten und mit Tragen und Ertragen zu tun.

Der Liebende lässt dem Geliebten Zeit zu wachsen. Er verzichtet darauf, den andern so zu formen, wie er ihn gerne haben möchte. Er nimmt ihn so, wie er ist. Er nimmt ihn an, er duldet ihn mit all seinen Stärken und Schwächen, mit seinen Fehlern und Grenzen. Der Ungeduldige hat bestimmte Vorstellungen vom andern. Und er meint, der andere müsse seine Vorstellungen sofort erfüllen. Wenn er ihn auf Fehler anspricht, dann müsse er sie möglichst bald ablegen. Doch diese Ungeduld tötet die Liebe.

Es ist natürlich, dass wir Wünsche an den Geliebten haben. Wir hoffen für ihn, dass er weiter wächst, dass er manche Fehler ablegen kann. Aber wir lassen ihm Zeit. Wir warten, bis seine Zeit gekommen ist. Der Ungeduldige meint, der andere könne sich sofort ändern. Er bräuchte es nur zu wollen, dann würde es auch gelingen.

Hinter der Ungeduld steckt ein enges Menschenbild: Der Mensch muss funktionieren. Er muss alles sofort ändern. Man lässt ihm keine Zeit zum Wachsen und Reifen. Und man weigert sich, ihn in seiner Einmaligkeit anzunehmen. Auch Fehler und Schwächen können ja etwas Liebenswürdiges sein. Aber es hängt an meiner Sicht. Wenn ich geduldig den andern sein lasse, wie er ist, dann werde ich ihn in seiner Einmaligkeit immer mehr lieb gewinnen. Und die Fehler und Schwächen sind nicht mehr so wichtig. Wenn das Herz sich mit dem Herzen des andern verbindet, dann stören die Begrenztheiten nicht, dann übt man sich in Geduld, dann freut man sich am Sein des andern. Wer auch mit sich Geduld hat, der allein ist fähig, den andern zu lassen und zu lieben, wie er ist.

UMARMT DURCH DIE SCHÖPFUNG

Liebe übersteigt den Menschen – und sagt doch etwas aus über unsere tiefste Bestimmung. Die entscheidende Aussage über die Beziehung zu Gott besagt, dass er mich liebt, dass ich für ihn wichtig bin. Die Frage ist, wie ich diese Liebe erfahren kann. In den Worten der Bibel, beim Propheten Jeremia, erfahre ich: „Mit ewiger Liebe habe ich dich geliebt, darum habe ich dir so lange die Treue bewahrt." (Jer 31,3) Diese Worte gelten mir persönlich. Wenn ich sie in mein Herz fallen lasse, erahne ich, dass dies der tiefste Grund meiner Existenz ist. Ich kann diese bedingungslose Liebe spüren, wenn ich die Heilungswunder Jesu und seine Begegnung mit Menschen betrachte. Und ich kann sie in der Schöpfung wahrnehmen, etwa in der Sonne, die mich mit ihren warmen Strahlen durchdringt, oder im Wind, der mich zärtlich streichelt. Gott umarmt mich durch seine Schöpfung. Hier kommt mir seine zärtliche und fürsorgende Liebe entgegen.

LUFT ZUM ATMEN

In unserer Liebe zu einem Menschen erleben wir auf der einen Seite das Faszinierende und uns Verzaubernde der Liebe. Wir blühen auf, wenn ein Mensch uns liebt und wenn wir in uns eine tiefe Liebe zu ihm wahrnehmen. Auf der anderen Seite spüren wir auch die Brüchigkeit dieser Liebe. Unsere Liebe ist vermischt mit Besitzansprüchen, mit Eifersucht und Missverständnissen. Die Liebe kann uns zwischen den Fingern zerrinnen. Auf einmal ist sie nicht mehr da. Wir versuchen uns, an den andern zu klammern, weil wir ihn nicht verlieren möchten. Wir erwarten vom andern absoluten Halt, absolute Geborgenheit und absolute Liebe. Doch etwas Absolutes kann uns kein Mensch schenken. So überfordern wir den andern mit unseren Erwartungen. Viele Ehekrisen haben in diesen übertriebenen Erwartungen ihre Ursache. Aber wenn uns die Dimension der Transzendenz fehlt, dann ist es nur zu verstehen, dass wir das Absolute von etwas Begrenztem erwarten, dass wir von einem Menschen etwas Göttliches erhoffen.

Wenn der Mensch uns nicht alles geben muss, was unsere Sehnsucht zu stillen vermag, sondern wenn er uns auf eine große Liebe verweist, auf das, was allein Gott zu geben vermag, dann kann auch die Beziehung zum Menschen gelingen. Dann können wir die Liebe genießen, die uns der andere schenkt. Aber wir müssen uns dieser Liebe nicht ständig vergewissern. Wir müssen sie nicht aus dem anderen herauspressen. Wir freuen uns darüber, genießen sie und wissen zugleich, dass sie nicht unendlich ist. Das muss sie auch gar nicht sein. Sie verweist uns auf eine unendliche und unbegrenzte und bedingungslose Liebe. Wir machen dem andern dann keine Vorwürfe, dass seine Liebe endlich ist, sondern wir sind dankbar für die Liebe, die er uns erweist und die wir zu ihm spüren.

Wenn ein Mensch von einem anderen absoluten Halt erwartet, dann lebt er ständig in der Angst, ihn zu verlieren. Die eine Tendenz ist, dass er sich an ihn klammert. Aber je mehr er sich an ihn klammert, desto enger wird es für den andern. Und er versucht, aus dieser Enge auszubrechen. Je mehr wir die Angst durch Festhalten überwinden wollen, desto mehr wird sich unsere Angst bestätigen, und der andere wird uns verlassen. Die andere Strategie ist, dass wir uns dem andern anpassen, dass wir alle seine Wünsche erfüllen. Aber dann geben wir uns selbst auf. Und für den andern wird es irgendwann langweilig, weil er keinen Partner mehr hat, sondern nur ein Anhängsel oder einen Jasager. Wenn ich aber in Gott meinen absoluten Halt und bedingungslose Liebe finde, dann kann ich die Beziehung zum andern in Freiheit gestalten. Ich mache mich vom andern nicht völlig abhängig. Und nur in dieser Freiheit kann menschliche Beziehung gelingen. Nur so hat jeder genügend Luft zum Atmen.

Wenn er nicht fähig ist, sich dem Transzendenten zu öffnen, verschließt sich der Mensch in sich selbst und geht an seiner eigenen Enge und Begrenztheit zugrunde. Im Einssein mit Gott wird der Mensch eins mit sich selbst, mit der Schöpfung und mit allen Menschen. Da hört seine Zerrissenheit auf, und er erahnt, was das Geheimnis jeder Beziehung ist: eins zu werden mit dem andern und darin in Einklang zu kommen mit sich selbst und mit dem Leben.

SEHNSUCHTSSPANNUNG

Es gibt keine Liebe ohne Sehnsucht. Der Psychologe Peter Schellenbaum hat die enge Verbindung dieser beiden Emotionen beschrieben. Er meint, dass wir Liebe und Sehnsucht an der gleichen Körperstelle lokalisieren, „nämlich mitten in der Brust auf der Höhe des Herzens, da, wo die an Liebe und Sehnsucht Leidenden ihre Hände hinpressen". Gerade die Sehnsuchtsspannung macht die Liebe wertvoll und erfüllt sie mit einer unergründlichen Tiefe. Größtes Liebesglück und unsägliches Sehnsuchtsleid liegen eng nebeneinander. Die Liebe weist immer schon über sich hinaus. In ihr sehnen wir uns nach absoluter und bedingungsloser, letztlich nach göttlicher Liebe.

Mit der eigenen Sehnsucht in Berührung zu kommen heißt nicht, vor der Realität unseres Lebens davonzulaufen. Im Gegenteil, wenn wir in uns spüren, dass in uns eine Sehnsucht nach Gott ist, nach etwas Weltjenseitigem, nach einem Ort, der diese Welt übersteigt, dann können wir uns aussöhnen mit der oft so banalen Wirklichkeit unseres Lebens. Dann sind wir nicht enttäuscht, wenn der von uns geliebte Mensch unsere tiefste Sehnsucht nach absoluter Liebe nicht erfüllen kann. Dann überfordern wir unsern Ehepartner nicht mit Erwartungen, die eigentlich kein Mensch erfüllen können.

Ich erlebe immer wieder, wie Menschen von dem, den sie lieben, erwarten, dass er sie heile, dass er sie erlöse und befreie und ihrem Leben letzten Sinn schenke. Aber das sind zwischen Menschen unerfüllbare Erwartungen. Die Sehnsucht relativiert unsere Erwartungen an Menschen, damit wir fähig werden, menschlich miteinander umzugehen, den Menschen so zu lassen, wie er ist, anstatt ihn ständig mit Gott zu vergleichen, dem er nie gerecht werden kann.

GANZ MENSCH

Trau der Liebe, die Menschen in dir hervorlocken. Trau der Liebe, die du zu einem Freund oder einer Freundin spürst. In jeder Liebe ist etwas Lauteres und Reines. In jeder menschlichen Liebe, auch wenn sie noch so festhalten möchte, ist etwas von der reinen Gottesliebe. Lass dich in deinem Herzen von der Liebe berühren, die dir entgegenkommt oder die in dir aufflammt. Gott selbst berührt dich dabei und öffnet dich für das Geheimnis einer klaren und lauteren Liebe, die allen und allem gilt. In dieser Liebe bist du in Gott, und in dieser Liebe wirst du erst ganz zum Menschen, so wie er dich gedacht hat.

Die Liebe ist die entscheidende Wirklichkeit unseres Lebens. In deiner Liebe, auch wenn sie noch so vermischt ist mit Besitzansprüchen und Habenwollen, leuchtet immer auch etwas auf von der spirituellen Liebe, die deine tiefste Sehnsucht nach Liebe erfüllt. Traue deiner Liebe, aber gehe deiner Liebe auch auf den Grund, damit du dort Gott findest als ihren eigentlichen Quell. Und folge deiner Liebe bis zum Ende. Dann wird sie dich zu Gott führen, der nicht nur liebt wie wir, sondern der die Liebe selber ist.

LÖSUNG

Die Wärme der Liebe löst alle Verkrampfung. Wer erfährt, dass er gerade dort, wo er sich festklammert, angenommen und gestreichelt wird, dem löst sich alle Enge.

Klammere dich also nicht an deiner Angst fest, sondern geh durch sie hindurch. Dann wirst du auf dem Grund deines Herzens jene zärtliche Liebe spüren, die dich mit deiner Angst annimmt und alles Bedrängende und Bedrohliche deiner Angst auflöst.

Auch deine Angst darf sein.

Aber sie ist berührt von Gottes Liebe, die sie verwandelt und auflöst.

VERZAUBERT

In jedem von uns steckt die Sehnsucht nach Liebe. Bring die Menschen in deiner Umgebung mit ihrer Liebe in Berührung.

Wenn du etwa am Valentinstag einem anderen Blumen schenkst, dann sagst du ihm damit auch: „Ich sehe in dir deine Sehnsucht nach Liebe. Ich wünsche dir, dass du an die Liebe glaubst, die in dir ist. Trau dich, zu lieben und geliebt zu werden. Lass dich von der Liebe verzaubern, lass dich von ihr hineinführen in das Geheimnis einer tieferen Liebe, die deine wahre Sehnsucht erfüllt."

Es geht darum, Liebe zu lernen. Das tut uns allen Not: eine Liebe zu lernen, die nicht mehr vermischt ist mit Besitzansprüchen, eine Liebe, die strömt und die Menschen verzaubert, die einen neuen Geschmack des Lebens hinterlässt.

Ich hoffe, dass die Liebe nicht erkaltet, sondern überströmt.

Ich hoffe auf eine Liebe, die den Tod besiegt.

SPUREN

Was könnten wir als Zeichen unserer Liebe hinterlassen? Diese Frage ist nicht moralisch gemeint. Aber die Ahnung, dass wir ja von Gott kommen und wieder zu ihm zurückkehren, könnte uns dazu befreien, hier in dieser Welt Spuren einer Liebe zu hinterlassen, die sich verschenkt, einer Liebe, die sich herabbeugt zu den Füßen unserer Brüder und Schwestern, einer Liebe, die sie an ihrer verwundbaren Stelle berührt, um sie dort von Gottes Liebe heilen und verwandeln zu lassen.

Wenn wir überlegen, was wir als Vermächtnis den Menschen hinterlassen möchten, was wir mit unserem Leben eigentlich ausdrücken möchten, dann werden wir nicht mehr um unsere Krankheit und unsere Einsamkeit kreisen, dann wird uns das Geheimnis unseres Lebens aufgehen, dass wir endliche Menschen sind, die auf ihrem kurzen Weg in dieser Welt Spuren einer Liebe hinterlassen möchten, die den Menschen nach uns den Weg in neue Dimensionen weisen, in die Dimension der göttlichen Liebe, die schon unser eigenes Leben verwandelt und ihm einen unendlichen Sinn schenkt.

LASS VERWANDLUNG GESCHEHEN

AUS KRISEN WIRD REIFE UND WACHSTUM

LEBENSLABYRINTH

Unser Leben ist nie eine Einbahnstraße. Und auf dem Weg unseres Lebens, dem inneren und äußeren, gibt es nicht nur die geradlinigen Entwicklungen. Oft müssen wir Umwege gehen. Nicht selten fühlen wir uns auf den Ausgangspunkt zurückgeworfen, so als sei alles umsonst gewesen. Es scheint, wir müssten wieder von vorne anfangen. Die Labyrinthe in den mittelalterlichen Kirchen haben diese Erfahrung anschaulich dargestellt und sie als Symbol für unseren Lebensweg erfahrbar gemacht. Diese Labyrinthe zeigen mir, wenn ich sie achtsam gehe, etwas über mich selbst: Es gibt Wendepunkte, bei denen ich nur scheinbar wieder zum Ausgangspunkt zurückkehre. In Wirklichkeit ist es ein spiralförmiges Gehen. Ich werde durch Umkehr an einen Punkt geführt, von dem aus ich eine Wendung erfahre. Jetzt kann ich mit neuer Kraft zur Mitte, dem eigentlichen Ziel weitergehen.

Sich wenden, dem in eingefahrenen Gleisen verlaufenen Leben eine Wendung geben – das gibt eine neue Perspektive. Es wandelt den Menschen. Der scheinbare Irrweg wird so Bedingung für eine wirkliche Verwandlung. Scheinbare Rückschläge haben eine positive Wirkung. Sie zeigen sich als heilsame Erfahrung.

REIFUNG UND VERWANDLUNG

Die Psychologie hat das menschliche Leben als eine ständige Folge von Reifungs- und Werdenskrisen beschrieben. Da gibt es die Krise der Geburt, die Krise der Pubertät, der Lebensmitte, der Pensionierung, des Alterns und des Lebensendes. Diese Krisen gehören zum Wachstumsprozess des Lebens. Daneben gibt es Krisen, die uns von außen befallen: die Krise durch Naturkatastrophen, Unfälle, Krieg, Arbeitslosigkeit, Tod eines lieben Menschen. Und es gibt die kathartischen Krisen, die sittlichen Krisen der Läuterung, Erneuerung und Wandlung.

In der Krise geraten wir unter zunehmenden seelischen Druck und suchen nach Auswegen aus der unangenehmen Lage. Wenn wir die Krise bewältigen, haben wir einen echten Reifungsschritt vollzogen. Aber es gibt auch unangemessene Kompensationen, mit denen sich manche über die Runden retten. „Eine Krise tritt ein, wenn das seelische Gleichgewicht gestört wird, d. h. wenn die stabilisierenden Mechanismen versagen." (H. Häfner) Wer einem in der Krise beistehen möchte, sollte sich fragen, wie die die Krise auslösenden Belastungen reduziert werden können, was dem Betroffenen an Anstrengungen zugemutet werden kann und welche Strategien der Krisenbewältigung ihm zur Verfügung stehen. Der eine kennt spirituelle Wege, um seine Krise zu bearbeiten, der andere sucht sich Hilfen bei einem Arzt oder Therapeuten. Wieder ein anderer greift auf die eigenen Ressourcen zurück, die in ihm liegen. Die Krise ist auf jeden Fall eine Herausforderung an den Einzelnen, der er sich stellen muss. Der deutsche Mystiker Johannes Tauler hat beschrieben, wie viele vor der Krise Angst bekommen und daher vor ihr davonlaufen. Sie stellen sich der inneren Unruhe nicht, die die Krise auslöst, sondern verlagern sie nach außen, indem sie entweder die andern ständig verändern wollen oder indem sie alle drei Jahre einem anderen Guru nachlaufen oder eine andere Methode als Lösung ihrer Probleme propagieren. Oder aber sie verweigern den Schritt, den die Krise verlangt. Sie versteifen sich auf ihre Prinzipien, werden hart, konservativ. Sie verweigern die Reifung und Verwandlung, zu der sie die Krise herausfordert.

LEBEN IST RISIKO

„Ein Schiff, das im Hafen liegt, ist sicher.
Aber dafür sind Schiffe nicht gebaut." (William Shed)

Das Bedürfnis nach Sicherheit ist für den Psychologen Abraham Maslow eine Hauptmotivation für das Streben des Menschen. Er sucht einen sicheren Arbeitsplatz. Er möchte sich absichern gegenüber Gefahren. Er spricht mit seiner Versicherung, um gegen möglichst alle Risiken gefeit zu sein. Die Versicherungen verdienen ein Vermögen mit dem Sicherheitsdenken der Leute. Sicherheit gibt Ruhe. Doch wir sprechen im Deutschen auch davon, daß etwas „todsicher" ist. Darin liegt die Erfahrung, dass übertriebene Sicherheit auch den Tod bringen kann, dass sie das Leben abtötet. Vor lauter Sicherheit kann nichts mehr strömen, wachsen, sich entwickeln. Wenn alles Risiko ausgeschaltet wird, dann kann nichts Neues mehr entstehen. Wenn ich nur noch Sicherheit will, dann muss ich daheim bleiben. Denn der Straßenverkehr ist ein Sicherheitsrisiko. Am Arbeitsplatz kann ein Unfall geschehen. Aber auch daheim bin ich nicht sicher. Denn auch da kann mich ein Schlaganfall oder ein Herzinfarkt heimsuchen. Es gibt keine absolute Sicherheit. Wie die Schiffe ist auch der Mensch nicht dazu geschaffen, sicher im Hafen zu liegen. Er muss die Weite des Lebens erkunden, das Leben wagen. Sonst wird es stickig. Wer leben will, weiß, wie gefährlich das Leben ist, nicht nur wegen der Gefahren von außen. Wer sich auf eine Beziehung einlässt, ist sich nie sicher, ob sie hält. Wer den eigenen Weg der Selbstwerdung geht, erfährt, auf welch ein gefährliches Abenteuer er sich da eingelassen hat. Er muss durch die Abgründe seiner Seele hindurch, durch Dunkelheit und Verlassenheit, durch Einsamkeit und Bedrängnisse.

Auch die Kirchenväter vergleichen unser Leben mit der Schiffahrt: Wir fahren durch Wellen und Wogen. Wir werden in Stürme geraten. Aber – so sagt es uns die Bibel – wir sind nicht allein in unserem Boot. Da ist Jesus, der hinten im Boot liegt und schläft. Wir müssen ihn nur aufwecken. Wenn er in uns aufsteht, dann gebietet er dem Sturm und in uns und um uns herum wird es still. (Mk 4,35–41)

ETWAS RISKIEREN

Von dem dänischen Philosophen Kierkegaard stammt ein Satz, der alle Liebhaber routinierter Gewohnheiten erschrecken müsste: „Nichts riskieren heißt, seine Seele aufs Spiel setzen."

Dass der, der nichts riskiert, wenig Neues zustande bringt, ist allen klar. Doch dass man ohne Risiko seine Seele aufs Spiel setzt, das ist eine erstaunliche Aussage. Die Seele kann nach diesem psychologisch sehr scharfsinnigen und radikalen Satz Kierkegaards nur leben, wenn sie etwas riskiert.

Riskieren meint, etwas beginnen, dessen Ausgang ungewiss ist. Im Deutschen sagen wir dafür: etwas wagen. Wagnis enthält ein ähnliches Bild: Ich lege etwas auf die Waage, ohne zu wissen, wie sie ausschlägt. So ein Risiko gehe ich in jeder Begegnung ein. Ich lege mich selbst auf die Waagschale, ohne zu wissen, wie das, was ich einsetze, beim andern ankommt. Ich wage mich aus mir heraus. Oder wenn ich mich für etwas entscheide, weiß ich nie im Vorhinein, wie es ausgeht. Doch wer sich nie entscheidet, wer sich immer vorher absichern möchte, der wird das Leben verpassen.

Kierkegaard hat Recht: Wer das Leben verpasst oder verweigert, dessen Seele erstarrt. Statt sich aufs Spiel zu setzen, setzt er seine Seele aufs Spiel. Sie verkümmert und verdorrt.

VERWANDLE DEINE WUNDEN

Jeder ist in seiner Lebensgeschichte verletzt worden. Meine Erfahrung ist aber: Heute kreisen viele Menschen ständig um ihre Wunden. Es gibt eine Sucht, alle Verletzungen der Kindheit zu entdecken, um sie dann aufarbeiten zu können. Dahinter steckt der Gedanke der Perfektion und der Leistung. Wir meinen, wir müssten alle Wunden abarbeiten, wir müssten alles Krankmachende in uns ausradieren. Doch dieser Weg führt in die Sackgasse. Der wahre Weg besteht darin, dass wir uns aussöhnen mit unseren Verletzungen. Für Hildegard von Bingen besteht die Kunst menschlicher Selbstwerdung darin, dass unsere Wunden zu Perlen verwandelt werden. Wie kann das geschehen?

Die Verwandlung meiner Wunden zu Perlen besteht für mich einmal darin, dass ich diese Wunden als etwas Kostbares verstehe. Dort, wo ich verwundet bin, bin ich auch sensibel für die Menschen. Ich verstehe sie besser. Und noch mehr: Wo ich verwundet bin, komme ich in Berührung mit dem eigenen Herzen, mit meinem wahren Wesen. Ich gebe die Illusion auf, als ob ich ganz und gar stark und gesund und perfekt wäre. Ich nehme meine Brüchigkeit wahr. Das hält mich lebendig und macht mich menschlicher, barmherziger, milder. Dort, wo ich verletzt bin, liegt auch mein Schatz. Dort komme ich in Berührung mit meinem wahren Selbst und mit meiner Berufung. Dort entdecke ich auch meine Fähigkeiten. Nur der verwundete Arzt vermag zu heilen – das wussten schon die Griechen.

Die „Verwandlung der Wunden zu Perlen" meint für mich aber noch etwas anderes. Für mich sind die Wunden der eigentliche Ort der Gotteserfahrung. Wie ist das zu verstehen? Ich nehme das Beispiel meiner Angst. Wenn ich gegen die Angst kämpfe, werde ich immer von ihr verfolgt werden. Wenn ich vor Gott mit meiner Angst spreche und sie zulasse, wenn ich sie befrage, wovor ich genau Angst habe, was der eigentliche Kern meiner Angst ist, dann steige ich immer tiefer in meine Angst hinein. Und auf dem Grund meiner Angst kann ich einen tiefen inneren Frieden erleben. Auf dem Grund meiner Angst kann ich Gott erfahren als den, der mich mit meiner Angst annimmt. Ich bin mit meiner Angst in seiner guter Hand. Oder wenn ich meine Empfindlichkeit nehme: Ich gebe sie zu.

Trotz meines spirituellen Weges bin ich immer noch empfindlich gegenüber Kritik, Ablehnung, Übersehenwerden. Wenn ich mich damit aussöhne, dann führt mich meine Empfindlichkeit immer tiefer in mein verwundetes Herz hinein, das sich nach Liebe, nach bedingungslosem Angenommenwerden sehnt. Dann erahne ich auf dem Grund meines wunden Herzens jemanden, der seine väterliche und mütterliche Hand über mich hält, der mich zärtlich berührt und mir sagt: „Ich bin bei dir. Du musst gar nicht so stark sein, wie du es gerne sein möchtest. Es ist gut so, wie du bist. Gerade als dieser Mensch bist du mir wertvoll. Gerade so liebe ich dich."

KRAFT AUS KRISEN

Wer meint, er könne alles, was er wolle, der irrt sich. Er muss erst seiner eigenen Grenze begegnen. Wer meint, er könne sich selbst mit seinem Willen in den Griff bekommen, der muss sich erst seinem Schatten stellen, um zu sehen, dass es in seinem Inneren Bereiche gibt, die sich nicht in den Griff nehmen lassen. Sie kann man nur annehmen und sich mit ihnen aussöhnen. Sie sind so mächtig, dass sie sich melden werden, ob wir wollen oder nicht. Und je stärker wir diese Bereiche unterdrücken, desto ungebändigter werden sie gegen uns aufstehen und unser bisher scheinbar so fest gefügtes Lebensgebäude über den Haufen werfen. Das Unbewusste lässt sich nicht durch Aktivismus aus der Welt schaffen. Es lässt sich auch nicht wegrationalisieren. Nur wenn wir den Mut haben, hinabzusteigen in das eigene Unbewusste, in den Schatten unserer Seele, nur dann werden wir das Unbewusste als Lebensquelle entdecken, als Quelle innerer Kraft.

Ich erlebe in den Firmen viele Manager, die meinen, sie könnten allein durch Verstand und Willen das Leben meistern. Sie erkaufen diesen Irrtum nicht nur mit persönlichen Krisen, sondern auch dadurch, dass sie ihre unbewussten Schattenseiten in die Firma mit einbringen. Um sie herum entsteht ein Nebel aus unbewussten Bedürfnissen und Emotionen. Sie treiben emotionale Umweltverschmutzung. In so einem Klima werden Menschen krank. Der Krankenstand einer Firma hängt oft mit dem verdrängten Schatten der Führenden zusammen, der sich oft über die Mitarbeiter und Mitarbeiterinnen wie ein krank machender Smog legt. Die Krise zwingt uns, uns unseren Schattenseiten zu stellen und sie anzuschauen. Das wird ein heilsamer Weg für unsere Umgebung sein. Wenn wir aber vor dem eigenen Schatten davonlaufen, werden wir ihn auf die andern um uns herum projizieren. Dann führen wir Schattenkämpfe, die nicht weiterführen, sondern im Nebel enden. Wir werden mit unserem Schatten die Familie, die Firma, die Gemeinde, die Gesellschaft verdüstern. Wenn wir durch die Krise zu unserer eigenen Wahrheit vorstoßen, dann klärt sich auch etwas in unserer Umgebung, dann kann von uns Segen ausgehen, Heilung und Heil.

DURCHKREUZT

Krise ist immer ein Durchkreuztwerden. Unser Leben geht nicht einfach so glatt weiter. Etwas kommt uns in die Quere, von außen oder von innen. Was uns durchkreuzt, das bricht uns auf. Aber es kann uns auch zerbrechen. Kreuz ist nicht nur ein Bild für die Krise, sondern auch für das Scheitern. Scheitern und Krise sind nicht identisch. Die Krise ist mehr ein schmerzlicher Prozess, an dessen Ende neues Leben steht. Scheitern heißt, dass etwas zerbrochen ist. Aber dennoch haben Krise und Scheitern miteinander zu tun. Das deutsche Wort „Scheitern" kommt von „Scheit" und meint spalten, scheiden. Und Krise heißt ja auch eigentlich Scheiden, Entscheiden. Im Abschied steckt das Wort „scheiden". Wenn ich scheitere, muss ich Abschied nehmen von meinem alten Lebenskonzept. Mein Lebensentwurf ist gescheitert, aber nicht ich als Person. Ich kann durch das Scheitern aufgebrochen werden zu neuem Leben, zu meinem wahren Selbst. Ja, das Scheitern kann mich auf radikalste Weise für Gott aufbrechen. In der Krise geht es letztlich auch darum, dass alles aus mir herausgeschieden wird, was nicht meinem wahren Wesen entspricht. Alles Sekundäre, alles, was ich habe, besitze, mein Erfolg, mein Ruf, meine Geltung, wird ausgeschieden, wird zerbrochen, damit das Eigentliche zum Vorschein kommt.

In jeder Krise muss etwas in uns sterben. Da sterben die Illusionen, die wir uns von unserem Leben gemacht haben, die Illusion, dass wir unser Leben selbst im Griff haben, die Illusion, dass wir durch ein angepasstes Leben allen Schwierigkeiten aus dem Weg gehen, die Illusion, dass uns nichts passieren kann, wenn wir nur nach Gottes Geboten leben. In der Krise stirbt immer ein Stück Ego. Manche Mystiker meinen, wir müssten unser Ego vernichten, damit Gott in uns Raum bekommt. Doch es ist gefährlich, wenn jemand sein Ego zunichte macht. Das Leben selbst nimmt uns die Illusionen unseres Ego. Es bricht uns durch die Krisen und durch das Scheitern auf für Gott, aber auch für unser wahres Selbst, für das unverfälschte und einmalige Bild, das Gott sich von jedem von uns gemacht hat.

STANDHALTEN

Aus den Krisen soll Kraft erwachsen. Was ist Kraft? Das altgermanische Wort „kraft" meint eigentlich „Geschicklichkeit, Fertigkeit, Kunst, Handwerk". Es gehört zu einer indogermanischen Wortgruppe, die „drehen, winden, sich zusammenziehen" bedeutet. Für das Wort Kraft war die Vorstellung des Anspannens der Muskeln bestimmend. Aus der Krise kann eine neue Geschicklichkeit erwachsen. Ich kann lernen, mit meinem Leben auf neue Weise umzugehen. Es geht darum, die Kunst des Lebens zu lernen. Aber dazu ist es notwendig, dass ich meine Muskeln anspanne, nicht nur die körperlichen Muskeln, sondern die Kräfte meiner Seele. Sonst könnte die Krise auch ins Verderben führen, zum tödlichen Ausgang. Ich kann die Krise zwar nicht aus eigener Kraft lösen. Aber ich muss auch selbst etwas tun, damit aus der Krise Kraft erwächst. Ich muss durch die Krise hindurchgehen. Ich muss standhalten, anstatt zu flüchten. Und manchmal muss ich auch kämpfen, damit ich in der Krise nicht untergehe.

NEUES WIRD GEBOREN

In der Ijobgeschichte sehen wir, dass alles von der Deutung unserer Krise abhängt. Ijobs Freunde deuten seine Krise als selbstverschuldet. Weil er zu wenig fromm war, weil wir nicht richtig leben, weil wir uns nicht richtig ernähren, weil wir nicht achtsam genug leben, – daher werden wir krank, daher geraten wir in einen Unfall oder ein Unglück überkommt uns und lässt unseren Erfolg zunichte werden. So lauten die Deutungsmuster.

Es ist heute modern, ähnlich wie die Freunde des Ijob, alles psychologisch zu erklären. Wir schaffen uns unsere Krankheiten, unsere Krisen, unsere Unfälle selber. Doch das ist zu einfach. Es gibt ein Geheimnis, das wir nicht erklären können. Eine Krise kann aus heiterem Himmel über uns kommen, ohne dass wir nach unseren psychischen Voraussetzungen fragen müssen. Die Bibel lädt uns ein, behutsamer über unsere Krisen zu sprechen, sie einfach stehen zu lassen, ohne sie erklären zu wollen. Sie kann viele Ursachen haben. Natürlich gibt es auch selbstverschuldete Krisen. Aber wir würden Menschen verletzen, wenn wir ihnen beweisen möchten, warum sie in die Krise geraten sind. Wir müssen die Krise einfach annehmen, als Herausforderung. Dann kann sie uns wie bei Ijob zu einer neuen Lebensqualität führen. Von Ijob heißt es, dass der Herr seinen Besitz auf das Doppelte vermehrte. Er bekam nochmals sieben Söhne und drei Töchter. „Der Herr segnete die spätere Lebenszeit Ijobs mehr als seine frühere." (Ijob 42, 12)

Der Mystiker Johannes Tauler meint, die Schmerzen der Krise seien nur die Geburtswehen für die Gottesgeburt im Menschen. Es will etwas Neues in uns geboren werden. Wo Gott in uns geboren wird, da kommen wir in Berührung mit unserem wahren Selbst. Da werden wir selbst neu, authentisch, echt und frei.

ALLES IST GESCHENK

Wir können uns nicht einrichten auf dem Erreichten, weder auf dem Erfolg noch auf dem Besitz, noch auf unserer Familie, noch auf unserer Gesundheit.
Alles ist uns geschenkt.
Alles kann uns genommen werden.
Jede Krise fordert uns heraus, unser Festklammern an den äußeren Bedingungen aufzugeben, alles, was wir haben, loszulassen. Wenn wir uns mit unserem Besitz oder unserer Gesundheit identifizieren, geben wir uns selbst auf, wenn wir unseren Besitz oder unsere Gesundheit verlieren. Dann sind wir nichts mehr. Wir müssen uns schon vor der Krise einüben in die innere Freiheit. Dann wird uns die Krise nicht vernichten, sondern uns an den Ort führen, an dem wir wahrhaft daheim sind, an dem wir ganz wir selber sind, an dem uns niemand verletzen kann, an dem uns nichts mehr schaden kann.

Johannes Chrysostomus sagt einmal in einer Predigt: Nichts kann dich verletzen außer du selbst. Wenn du in Gott deinen Grund hast, dann kann kommen, was will. Es wird deinem wahren Selbst nicht schaden. Chrysostomus bringt als Begründung das Gleichnis vom Haus, das auf dem Felsen gebaut wurde. Da können die Stürme an ihm rütteln oder die Wassermassen es überschwemmen – sie können das Haus nicht zu Fall bringen.

WEG ZUR TIEFE

Viele Menschen leiden heute unter Depression. Und viele sehen schon in depressiven Gefühlen eine Krankheit, die sie bekämpfen und möglichst schnell loswerden wollen. Doch damit verbauen sie sich den Weg zu ihrer Tiefe. Wir können es uns nicht aussuchen, ob wir depressiv veranlagt sind oder nicht. Aber wenn ich depressiv bin, dann geht selbst mein Weg zu Gott nicht an meiner Depression vorbei, sondern durch sie hindurch. Die Depression nimmt mir die Illusion meines Ego, dass ich immer guter Laune bin, dass ich alles positiv sehen kann, dass ich mein Leben im Griff habe. Es gibt eine wunde Stelle, eine Achillesferse in mir. Ich muss sie nicht bedecken und abschirmen. Sie ist gerade das Einfallstor Gottes. Gerade dort kann ich ihn erfahren. Und wenn ich ihn erfahre, wenn ich mit meinen Wunden mit ihm eins werde, dann ist diese Einheitserfahrung zugleich Erfahrung von Heil. Denn Einssein ist ja Ganzsein, Heilsein. Die eigentliche Heilung des Menschen besteht daher für mich in dieser tieferen Erfahrung. Diese Erfahrung können wir nicht erzwingen. Wir können uns aber dafür bereiten. Aber Gott zeigt sich immer wieder überraschend. Wir sollen nur damit rechnen und dürfen darauf vertrauen, dass er sich gerade uns zeigt, auch wenn wir noch so sehr an uns und unserer Situation leiden. Wenn wir Gott erfahren, sind wir eins. Aber im nächsten Augenblick werden wir wieder seine Ferne erleben. Dann fühlen wir uns wieder zerrissen. In dieser Spannung müssen wir leben: zwischen Gottesnähe und Gottesferne, zwischen Heilsein und Kranksein, zwischen Licht und Dunkel, zwischen Kraft und Ohnmacht, zwischen Liebe und Leere.

AUS DUNKEL INS LICHT

Spiritualität führt immer in die Weite und Freiheit. Angst und Enge, autoritäres Pochen auf Glaubenswahrheiten und unklare Machtausübung sind immer Zeichen mangelnder Spiritualität. Spiritualität ist Erfahrung. Sie will die Menschen zur Erfahrung einer inneren Freiheit führen: Wir sind in dieser Welt, aber nicht von ihr. Niemand hat Macht über uns, weil wir einen göttlichen Kern haben. Der Mensch wird erst Mensch, wenn göttliches Leben in ihm strömt. Die zentrale Botschaft des Christentums heißt: Es gibt keinen Tod, in dem nicht schon der Anfang neuen Lebens ist. Es gibt kein Kreuz, dem nicht die Auferstehung folgt. Es gibt keine Dunkelheit, in der nicht schon das Osterlicht aufleuchtet, kein Leid, in dem wir allein gelassen sind.

Die Botschaft von Tod und Auferstehung ist aber auch Appell, den Aufstand zu wagen gegen alle Hindernisse, die heute in unserer Welt das Leben blockieren, gegen ungerechte Strukturen, gegen die vielen Kreuze, die heute täglich aufgerichtet werden. Tod und Auferstehung Jesu befreien uns von Bitterkeit und Resignation. Sie sind das Hoffnungszeichen schlechthin. Nach C. G. Jung hängt das Gelingen unseres Lebens davon ab, wie wir mit dem Leid umgehen. Nicht masochistisches Kreisen um das Leid, sondern Durchgang durch das Leid führt zum Leben.

Was uns Not tut: jetzt schon aufzustehen aus dem Dunkel in das Licht, aus der Enge in die Weite, aus der Starre in die Lebendigkeit, aus dem Grab in das aufrechte Stehen und Gehen. Auferstehung geschieht hier und jetzt für den Einzelnen, aber auch für die Gemeinschaft, wenn Menschen aufstehen gegen ungerechte Strukturen, wenn Menschen den Aufstand wagen gegen alle Hindernisse des Lebens.

BESITZ

Immer wieder in unserem Leben geht es um das Loslassen, Loslassen von Sicherheiten, von Besitz. Nicht nur von materiellem Besitz. Immer wieder sind wir in unserem Leben herausgefordert, uns von manch lieben Vorstellungen zu lösen, um uns immer wieder neu auf neue Wege führen zu lassen. Letztlich geht es darum, uns selbst loszulassen. Wir stehen uns selbst oft genug im Weg. Spirituelle Reifung kann nur geschehen, wenn wir uns loslassen, wenn wir es aufgeben, uns festzukrallen an unserer Gesundheit, an unserer Kraft, an unserer Position.

Vielleicht geht es uns wie dem Landpfarrer bei Bernanos, der kurz vor seinem Tod betet: „Du hast mich ganz und gar entblößt, wie nur du zu entblößen vermagst." Aber darin erfährt er auch Freiheit. Darin erfährt er, dass er sich ganz und gar diesem Gott zur Verfügung stellen darf und gerade dadurch fruchtbar wird für diese Welt.

ALLEINSEIN

Allein und ehelos zu leben kann eine Quelle von Lebendigkeit und Fruchtbarkeit sein kann. Die geistliche Tradition hat Ehelosigkeit als Überlassen beschreiben. Ich überlasse mich Gott, damit Er mich in Dienst nimmt, damit Er das Bild in mir ausprägt, das Er sich von mir gemacht hat, damit Er sich durch mich auf einzigartige Weise in dieser Welt ausdrücken und Gestalt werden kann. Und ich überlasse mich den Menschen. Ehelosigkeit im Dienst der Gemeinschaft hat das Ziel, Gemeinschaft zu stiften, ein Gespür für alle Menschen zu entwickeln. Und sie hat mit Freiheit zu tun. *Vacare deo* nennen es die Alten: frei sein für Gott. Aber diese Freiheit kann auch nur erfüllt gelebt werden, wenn ich meine tiefste Heimat in Gott finde, wenn ich mein Herz in ihm festmache. Und dazu ist eben eine gesunde Lebenskultur wichtig.

Wenn ich Ehelosigkeit so lebe, kann sie eine eigene Quelle von Lebendigkeit und Fruchtbarkeit werden. Es gibt eine Form von Lebendigkeit, die in der Ehelosigkeit besser gelebt werden kann als in der Ehe. Aber wir werden diese Lebendigkeit auch nur dann in uns spüren, wenn wir die Sexualität als Quelle unserer Spiritualität entdecken und sie in alle Lebensvollzüge hinein integrieren.

DAS ALTWERDEN ANNEHMEN

Der Prozess des Alterns wird besser gelingen, wenn ich anschaue, was sich bei diesem Prozess in meiner Seele tut. Sich seiner eigenen Wahrheit zu stellen kann weh tun. Es ist nur zu leicht verständlich, dass viele dieser schonungslosen Selbsterkenntnis im Alter ausweichen. C. G. Jung nennt einige Fluchtmöglichkeiten alter Menschen vor sich selbst. Da ist einmal das krampfhafte Festhalten am Jungsein. Man will sich dem Alter nicht stellen, man will sich jung halten, man joggt und treibt Sport und ahmt in Kleidung und Auftreten die Jungen nach. Man will sich mit Gewalt jung halten.

C. G. Jung meint, unsere biologische Lebenslinie sei ein Halbkreis. Ab der Lebensmitte neigt sie sich wieder nach unten. Wenn ich mich damit aussöhne, wird meine psychologische Reifungslinie nach oben gehen. Doch wenn ich mich krampfhaft jung halte und gegen meine Biologie lebe, wird meine psychologische Linie abknicken. Jung nennt das Festhalten am Jungsein eine Perversion. „Ein Junger, der nicht kämpft und siegt, hat das Beste seiner Jugend verpasst, und ein Alter, welcher auf das Geheimnis der Bäche, die von Gipfeln in Täler rauschen, nicht zu lauschen versteht, ist sinnlos, eine geistige Mumie, welche nichts ist als erstarrte Vergangenheit. Er steht abseits von seinem Leben, maschinengleich sich wiederholend bis zur äußersten Abgedroschenheit. Was für eine Kultur, die solcher Schattengestalten bedarf!"

Der Weg geht von außen nach innen. Wir müssen Altwerden annehmen als Chance, in uns neue Welten zu entdecken.

NICHT AUSWEICHEN

Das Altern ist Vorbereitung auf den Tod. Wer dem Tod ausweicht, weicht der wichtigsten Aufgabe seines Lebens aus. C. G. Jung beobachtet, dass es die gleichen Menschen sind, die in der Jugend Angst haben vor dem Leben und im Alter Angst vor dem Tod. Er schreibt: „Ich habe die Erfahrung gemacht, dass gerade jene jungen Leute, welche das Leben fürchten, später ebenso sehr an Todesangst leiden. Sind sie jung, so sagt man, sie hätten infantile Widerstände gegen die normalen Forderungen des Lebens. Sind sie alt, so müsste man eigentlich dasselbe sagen, nämlich, dass sie ebenfalls Angst vor einer normalen Forderung des Lebens haben."

Religion ist für Jung vor allem eine Schule für die zweite Lebenshälfte und ein System „der Vorbereitung des Todes". Und er meint, dass es der menschlichen Seele entsprechen würde, im Tod die Sinnerfüllung des Lebens zu sehen. Wer sich von dieser Grundtatsache seiner Seele trennt, „hat sich psychologisch isoliert und steht im Gegensatz zu seinem eigenen allgemein- menschlichen Wesen". Und Jung meint, dass diese Trennung von der Wahrheit der eigenen Seele die Ursache aller Neurosen ist. Der Mensch bleibt nur gesund, wenn er sich der Wahrheit seines Lebens und seiner Seele stellt. Wer sich gegen seine Seele stellt, gerät in einen Zwiespalt, der krank macht. „Denn", so meint Jung, „es ist ebenso neurotisch, sich nicht auf den Tod als ein Ziel einzustellen, wie in der Jugend die Phantasien zu verdrängen, welche sich mit der Zukunft beschäftigen." Jung sieht in der Rastlosigkeit vieler Alter ein Zeichen der neurotischen Flucht vor der eigenen Wahrheit. Rastlosigkeit aber erzeugt immer Sinnlosigkeit. In der Rastlosigkeit flieht man vor der Sinnlosigkeit des Lebens. Überwinden kann man sie nur, wenn man sich dem eigenen Tod stellt.

ARS MORIENDI

Sich den Tod vor Augen halten befreit von der Angst. So wurde ein Altvater einmal gefragt, warum er nie Angst habe. Und er antwortete, weil er sich täglich den Tod vor Augen halte. Die Einübung ins Sterben ist wohl die entscheidendste geistliche Aufgabe des Alters. Es gibt heute viele Bücher, die von Nahtodeserlebnissen berichten. Menschen, die bereits klinisch tot waren, erzählen ihre Erfahrungen. Sie stimmen darin überein, dass sie keine Angst mehr vor dem Tod haben und dass sie nun viel bewusster und intensiver leben. Sie spüren, was es für ein Geheimnis ist, zu leben. Sie erfahren jeden Tag neu das Geschenk des Lebens. So bekommt ihr Leben eine andere Qualität. Angesichts des Todes zu leben könnte uns eine neue Lebensqualität schenken, eine neue Wachsamkeit und Achtsamkeit des Herzens.

Heute haben die Menschen aber nicht nur vor dem Tod Angst und vor dem, was nach dem Tod geschieht, sondern noch viel mehr vor dem Zustand der Hilflosigkeit und Pflegebedürftigkeit. Es geht gegen unsere innere Ehre, wenn wir ständig auf die Hilfe anderer angewiesen sind, wenn wir im Geist verwirrt sind und nicht mehr für voll genommen werden. Ich stelle mir immer wieder einmal vor, wie das denn bei mir wäre, wenn ich verwirrt wäre, nur noch ein Pflegefall, wenn meine Intelligenz weg wäre, wenn ich nicht mehr denken, schreiben, sprechen könnte. Es fällt mir nicht ganz leicht, das auszudenken. Aber wenn ich mich frage: Was trägt dich dann, was macht deinen Wert aus? Dann spüre ich: Es gibt in mir eine unantastbare Würde, die mir niemand nehmen kann, auch die Krankheit nicht, auch nicht das Verwirrtsein. Die Krankheit wäre dann wirklich Einübung in das Vertrauen. Ich kann nichts mehr festhalten, alles muss ich loslassen, auch noch meinen Verstand. Ich kann mich nur noch in Seine Hände fallen lassen und vertrauen, dass es so gut ist. Eine Tante von mir, die als Lehrerin ins Kloster eingetreten ist und immer sehr viel geredet hat, konnte die letzten fünf Jahre kein Wort mehr sprechen. Man spürte, wie sie sich immer mehr zurücknahm, wie sie gerade das ihr kostbare Sprechen loslassen musste, um in eine tiefere Dimension zu gelangen. Im Schweigen wurde ihr Gesicht auf einmal leuchtender und durchsichtiger.

ANNEHMEN UND LOSLASSEN

Das Leiden ist ein wesentlicher Bestandteil des menschlichen Lebens. Wir können ihm nicht ausweichen. Unser Leben gelingt nur, wenn wir einen Weg finden, das unausweichliche Leiden zu tragen. Darauf hat C. G. Jung hingewiesen: Wer dem Leiden ausweicht, wird oft genug neurotisch. Neurose nennt Jung den Ersatz für das notwendige Leiden an der menschlichen Existenz. Wer seine Begrenztheit nicht annimmt, wer seine Krankheit, sein ihm auferlegtes Leid nicht akzeptiert, der gerät in die Neurose. Und die Neurose ist erst dann geheilt, wenn sie den Menschen gezwungen hat, seine falsche Einstellung zum Leben aufzugeben. „Nicht sie (die Neurose) wird geheilt, sondern sie heilt uns." Wir müssen uns mit unserer Krankheit aussöhnen, dann liegt darin „das wahre Gold, das wir sonst nirgends gefunden haben". Jung sieht gerade im Kreuz Jesu Christi einen guten Weg, uns mit unserem Leiden auszusöhnen. Professor Uhsadel, ein evangelischer Theologe, berichtet von einem Gespräch mit C. G. Jung. Jung weist auf das Kreuz in seinem Zimmer und sagt: „Sehen Sie, dies ist doch das Entscheidende ... Der Mensch muss mit dem Problem des Leidens fertig werden. Der östliche Mensch will sich des Leidens entledigen, indem er das Leiden abstreift. Der abendländische Mensch versucht, das Leiden durch Drogen zu unterdrücken. Aber das Leiden muss überwunden werden, und überwunden wird es nur, indem man es trägt. Das lernen wir allein von ihm." Damit wies er auf den Gekreuzigten. Das Kreuz annehmen, das ist nach den Worten Jesu wahres Leben. Das heißt auch: Sich damit aussöhnen, was mich – gerade im Alter – durchkreuzt, führt immer mehr in das Geheimnis Gottes hinein.

Einübung ins Sterben und Annahme des Leidens – die wichtigsten Aufgaben des Alters – verlangen, dass der Mensch sich aussöhnt mit seiner Krankheit, mit seinem Leiden, mit seinem Tod und dass er seine Vergangenheit loslässt, dass er seinen Beruf, seine Beziehungen, seine Kraft, seine Gesundheit loslässt und sich ganz und gar Gott überlässt. Annehmen und Loslassen, diese beiden Grundvollzüge jeder Menschwerdung, sind gerade im Alter auf neue und entscheidende Weise gefragt.

LASS VERWANDLUNG GESCHEHEN

Wir suchen uns oft spirituelle Wege aus, auf denen wir die innere Verwandlung erfahren möchten. Doch oft genug bleiben wir bei unserer Suche in unserem Ego stecken. Es ist unser Weg, unsere Vorstellung von Spiritualität, der wir folgen.

Das Leben verwandelt uns, wenn wir uns ihm stellen. Schau in dein Leben hinein und frage dich: Was hat dich am meisten verwandelt? Waren es selbst gesuchte Wege? Oder waren es Ereignisse, die dir in die Quere kamen, die dich auf den glühenden Rost legten, bei denen du das Gefühl hattest, nicht mehr weiterleben zu können?

Du musst gar nicht auf die Suche gehen nach dem, was dich wandelt. Lass die Verwandlung geschehen, zu der dich das Leben drängt.

IN DEN WUNDEN DAS LEBEN

Dort, wo mich Menschen verletzen und verwunden, dort ist auch der Weg zum wahren Leben, dort erahne ich auch, dass es in mir ein anderes Leben gibt, als vor den Menschen gut dazustehen, dass gerade in meiner Schwäche die Kraft Gottes zur Vollendung kommt. Jeder Mensch hat seine Wunden.

Was sind deine Wunden? Du erkennst sie, wenn du deine empfindlichen Stellen anschaust.

Wo reagierst du unangemessen auf Kritik?

Schaue deine Wunden an und söhne dich mit ihnen aus. Die Wunde öffnet dich für dein wahres Selbst. Die Wunde hält dich lebendig. Sie zwingt dich, weiter an dir zu arbeiten und zu wachsen. Die Wunde verweist dich auf Gott, den wahren Arzt für deine Seele.

Betrachte deine Wunden und entdecke in ihnen das Leben, das in dir strömt.

VERTRAUEN INMITTEN DER ANGST

Der Mönchsvater Evagrius hat verschiedene Methoden entwickelt, wie wir mit unseren Gedanken und Gefühlen umgehen sollen. Da ist einmal die antirrhetische Methode. In die krankmachenden Gedanken sagen wir uns ein Wort aus der Schrift vor, damit Gottes Wort die Seele heile. In die Angst, die sich oft genug in Worten ausdrückt, wie: „Ich habe Angst. Das kann ich nicht. Da blamiere ich mich", sollen wir den Vers aus Psalm 118 sprechen: „Der Herr ist mit mir, ich fürchte mich nicht. Was können Menschen mir antun?" Es geht nicht darum, die negativen Gedanken zu vertreiben, sondern sie zu verwandeln, das Vertrauen mitten in der Angst zu entdecken. Eine andere Methode besteht darin, sich mit den Gedanken und Gefühlen vertraut zu machen und einen Dialog mit ihnen zu beginnen. Dann entdecken wir, woher sie kommen und wofür sie stehen, was sie uns sagen möchten. Wir kämpfen nicht gegen die Gedanken und Gefühle, gegen die Bedürfnisse und Leidenschaften, sondern wir suchen in ihnen das, was uns zum Leben führt, und erkennen darin Lebensmuster, die uns in die Unfreiheit und Spaltung führen. Die Kunst wäre, dass wir uns von den Gedanken und Gefühlen zu Gott führen lassen. Evagrius gibt uns den Weg an. Wir sollen uns von unserer Angst zu Gott führen lassen, indem wir in unsere Angst eintreten, mit ihr sprechen und sie fragen, was sie uns eigentlich sagen möchte. Je mehr wir gegen unsere Angst, Zorn, Eifersucht oder Depression kämpfen, desto größer wird die Gegenkraft, die sie entwickeln. Wir kreisen dann ständig um unsere Angst und unsere Depression und Eifersucht.

DISZIPLIN

Weil in der Zeit des Nationalsozialismus Disziplin und Ordnung übertrieben worden sind, haben wir jahrzehntelang die Disziplin eher vernachlässigt. Wir haben gedacht, ohne Disziplin auszukommen. Ein Mönchsspruch lautet: „Wer ohne Methode kämpft, kämpft vergeblich." Es braucht klare Methoden, um auf dem Weg des Lernens und des Erwachsenwerdens weiterzukommen. John Bradshaw meint, Disziplin sei die Kunst, das Leid des Lebens zu verringern. Ohne Disziplin leidet der Mensch an sich selbst, an seinem inneren und äußeren Durcheinander. Und Hildegard von Bingen spricht davon, dass uns die Disziplin dazu führen möchte, uns immer und überall freuen zu können. In der Disziplin lernen wir, unser Leben selbst zu leben, anstatt gelebt zu werden, unser Leben in die Hand zu nehmen, es zu gestalten und zu formen.

Die Griechen sprechen von Askesis. Askese ist die Übung, das Training. Der Sportler trainiert, um sein Ziel zu erreichen. Der Philosoph trainiert sich in die innere Freiheit. Sucht ist nicht ohne Askese zu verwandeln. Askese ist nicht einfach Verzicht, sondern ein bewusstes Eintrainieren in die innere Freiheit. Dazu gehört auch der Verzicht. Ohne Verzicht, so sagen die Psychologen, kann das Kind kein starkes Ich entwickeln. Wer seine Bedürfnisse sofort befriedigen muss, wird nie erwachsen. Ich muss meinen Mangel aushalten. Dann werde ich meine Fähigkeiten entwickeln. Askese gibt mir das Gefühl, nicht einfach Opfer meiner Erziehung zu sein, sondern mein Leben selbst gestalten zu können.

Askese stiftet Lust am Leben. Ich habe Lust, mich zu trainieren, meine Fähigkeiten aus mir herauszulocken. Ohne diese Lust am Leben ist Sucht nicht zu überwinden. Nur wer in der Askese lernt, ein Bedürfnis aufzuschieben, kann wirklich genießen. Askese steigert den Genuss, während Sucht uns daran hindert, wirklich zu genießen.

ÖFFNE DEIN LEIDEN

Enttäuschungen begleiten unser Leben. Es muss nicht der Schmerz der Mutter oder des Vaters um die Irrwege des Sohnes oder der Tochter sein, die dich quälen. Vielleicht ist es der Schmerz über eine misslungene oder abgebrochene Beziehung, über das eigene Versagen, über die Verletzung durch andere, über die Verlassenheit und Einsamkeit. Ganz gleich, welche Ursache dein Schmerz hat, suche Beistand in deinem Schmerz. Sprich mit Menschen, die dich verstehen. Vergrabe dich nicht in deinem Leiden, sondern öffne es auf einen Menschen oder auf Gott hin. Dann wirst du in deinem Schmerz Trost erfahren, Festigkeit, Hoffnung, Zuversicht.

VERWANDLE ERSTARRUNG

Wir alle kennen Zeiten innerer Dürre. Jeder kennt das Gefühl, ausgebrannt, verdorrt, unfruchtbar zu sein. Du funktionierst zwar noch, aber es geht nichts mehr von dir aus. Alles ist zur Routine erstarrt. Dann kann es helfen, mit den inneren Quellen Berührung zu suchen.

In dir selber ist die Quelle des Heiligen Geistes. Wenn du mit ihr in Kontakt kommst, dann wird dein Leben fruchtbar, dann strömt es aus dir heraus, dann blüht es um dich herum auf. Bitte Gott, dass er dir den Regen seines Geistes schenken möge, damit auch in dir die vertrockneten Felder wieder Frucht bringen, für dich und für die Menschen um dich herum.

BLEIB IN BEWEGUNG

Unser Leben ist Unterwegssein. Sei achtsam auf dem Weg deines Lebens. Wenn du eine Wanderung unternimmst oder einen Spaziergang, dann achte einmal auf jeden deiner Schritte. Dann wirst du spüren, dass Wandern ein wesentliches Bild unseres Lebens ist. Wir gehen uns frei von allem, was uns bindet und festhält. Wir gehen immer weiter. Wir bleiben nicht stehen. Wir sind bereit, uns mit jedem Schritt zu wandeln. Wandern kann wandeln, wenn wir uns bewusst werden: Wir gehen auf ein Ziel zu. „Wohin denn gehen wir? – Immer nach Hause!", heißt es bei Novalis. Spüre beim Gehen nach, ob du auch innerlich in Bewegung bleibst, ob du auch einen inneren Weg gehst, ob dein Weg wirklich ein Weg zu Gott ist.

FRUCHTBARE SPANNUNG

Wer kennt nicht die Zerrissenheit in seiner eigenen Seele? Was zerreißt dich? Was sind die verschiedenen Pole in dir? Wie bringst du die Gegensätze zusammen: Liebe und Härte, Sehnsucht nach Stille und Drang nach außen, Introversion und Extraversion, Achten auf die eigenen Gefühle und Missachtung des Leibes, Trauer und Freude, Vertrauen und Angst, Einsamkeit und Gemeinschaft?

Die Spannung zwischen den verschiedenen Polen kann einen Menschen zerreißen. Sie kann aber auch strömendes Leben erzeugen. Ohne Spannung gibt es kein Leben.

Lass die Spannung deines Herzens fruchtbar werden. Aber sei auch sensibel dafür, wo du die Spannung nicht mehr aushalten kannst, wo sie zu groß für dich wird. Suche die Spannung, die das Leben und die Liebe in dir strömen lässt, damit von dir Leben ausgeht für die Menschen deiner Umgebung.

SUCHE DIE STILLE

Suche die Stille. Wer sich wandeln will, wer reifen und wachsen möchte, der braucht den Raum der Ruhe. „Was wächst, macht nicht viel Lärm", sagt ein Sprichwort. Was neu geboren werden will, braucht den Schutz der Stille. Tiefenpsychologisch kann man sie als jenen mütterlichen Raum sehen, den ein Mensch braucht, um immer wieder neu geboren zu werden.

Die Mystiker meinten genau das, wenn sie den Ort der Stille als Raum der Gottesgeburt bezeichneten. Gottesgeburt verstanden sie als tiefstes Symbol der Verwandlung, die uns von Gott zugedacht ist. Ein Geschehen also, das uns zu dem macht, als der wir von ihm her gedacht sind. Wirklich werden wird es nur, wenn all die inneren und äußeren Stimmen zum Verstummen gebracht wurden, die uns ablenken und zu bestimmen suchen: Wenn wir uns also dem Schweigen stellen und unsere ganze Aufmerksamkeit ausgerichtet ist auf dieses große Geheimnis der Neugeburt.

Im Schweigen lassen wir los, was uns ständig beschäftigt – unsere Gedanken, unsere Wünsche, alles was uns bestimmen möchte. Wir lassen los, woran wir uns krampfhaft festhalten. Schweigen ist die Kunst loszulassen, um einen anderen Grund in sich zu entdecken.

In der Liturgie vom Sonntag in der Weihnachtsoktav – Weihnachten ist ja das Fest der Neugeburt und die Feier eines neuen Anfangs – ist von dem tiefen Schweigen die Rede, das alles umfing. Die Mystiker sprechen von diesem Geschehen in verheißungsvollen Bildern: Dornen fangen an, Rosen zu tragen. Felsen werden zu einer lebendigen Quelle. Dunkel wird Licht. Und die Wüsten werden voll Leben erblühen.

Es lohnt sich, diesen Raum des Schweigens und der Stille zu suchen.

KEINE GEWALT

Früher meinte ich, ich müsste mich verändern, ich müsste alles anders machen. Im Verändern ist etwas Gewaltsames. Ich will mich ändern, weil ich so, wie ich bin, nicht gut bin. Verwandeln ist sanfter. Alles darf sein, aber alles will verwandelt werden. Verwandeln heißt, dass das Eigentliche durchbricht durch das Uneigentliche, dass das Bild aufleuchtet, das Gott sich von mir gemacht hat. Gerade im Alter spüren wir, dass wir nicht mehr viel verändern können, dass wir manches Ideal nicht erreichen werden. Da wäre die Verwandlung der geistliche Weg schlechthin. Ich halte alles Gott hin, auch das Arme und Verkrüppelte in mir, das Beschädigte und Verwundete, das, was am Wegrand liegen geblieben ist (vgl. Lk 14,23), damit Gott es verwandeln kann. Tag für Tag halte ich Gott mein armes Leben hin, im Vertrauen, dass er es mehr und mehr verwandelt in seine Herrlichkeit. Verwandelt werden aber kann nur, was wir Gott hinhalten.

GEH GUT MIT DIR UM

Erkenne das Mütterliche in dir. Nimm das verletzte Kind in dir in deine mütterlichen Arme. Geh mütterlich mit dir selbst um. Dann brauchst du nicht dein Leben lang darauf zu warten, dass deine Mutter die Liebe gibt, nach der du dich sehnst, dass deine Mutter dir die Worte der Anerkennung und des Lobes sagt, die du so sehr brauchst. Sei dir selbst Mutter. Nimm dich selbst liebend in die Arme. Und schenke dir die Geborgenheit, die das verletzte und verwaiste Kind in dir braucht. In dir ist genügend Mütterlichkeit, weil du teilhast an Gottes mütterlicher Liebe und Kraft.

SELBSTVERGESSEN

George Bernanos sagte einmal: „Es ist eine große Gnade, sich selbst annehmen zu können. Aber die Gnade aller Gnaden ist, sich selbst vergessen zu können."

Sich selbst vergessen, einfach in Gottes Gegenwart dasitzen, zu kontemplieren, – wem das gelingt, der hat bereits eine Ahnung der Ewigkeit, wo wir in Gott für immer leben werden. Es ist auch eine Erfahrung großer Freiheit.

Selbstvergessen zu sein, abzusehen vom eigenen Ego, ist aber auch eine Chance, Freiheit im ganz konkreten Alltag zu erfahren.

Freiheit ist nicht eine Leistung, die ich erbringen kann. Sie ist viel mehr dies: Ausdruck dafür, dass ich so lebe, wie es mir gemäß ist und wie es meiner Begrenzung und zugleich meinen Kräften entspricht.

Die wahre Freiheit aber besteht darin, selbstlos lieben zu können.

ASKESE TUT GUT

Askese ist Training der inneren Freiheit. Sie darf aber nicht gegen den Menschen wüten und gegen seine psychische Struktur. Sie entspringt einem optimistischen Menschenbild. Wir sind nicht einfach unserer Lebensgeschichte mit ihren Verletzungen und Verbiegungen ausgeliefert. Wir können an uns arbeiten. Wir können etwas erreichen. Wir können uns in die innere Freiheit einüben. Allerdings müssen wir auch die Grenzen unserer Askese erkennen. Wir können nicht alles, was wir wollen. Wir müssen unser Wesen wahrnehmen und ernst nehmen und das Maß finden, das uns gut tut. Alles Übermaß, so sagen die frühen Mönche, kommt von den Dämonen.

Die Askese bezieht sich einmal auf den Verzicht oder auf die Einschränkung im Essen, im Informationsbedürfnis, im Reden, in den Aktivitäten. Sie will uns dazu führen, dass wir in Freiheit entscheiden, wie viel wir essen und trinken, wann und wie wir sprechen, wie viel wir arbeiten. Sie gibt uns das Gefühl, dass wir selbst leben, anstatt von außen gelebt zu werden. Wir bestimmen das Maß unseres Lebens, anstatt es uns von außen aufzwingen zu lassen. Zum andern besteht Askese im Einüben positiver Haltungen wie Selbstlosigkeit, Dienstbereitschaft, Nächstenliebe, Offenheit für Gott, Güte und Barmherzigkeit. All diese Haltungen tun dem Menschen gut. Die Tugenden, in die uns die Askese einüben möchte, sind Voraussetzung dafür, dass unser Leben gelingt, dass wir tauglich sind für das Leben.

GEH BIS AN DEINER SEHNSUCHT RAND

SEHNSUCHT IST DER ANFANG
VON ALLEM

VERSTECKT HINTER DER SUCHT

Unsere Zeit ist eine Zeit der Desillusion. Skepsis und Zynismus machen sich breit. Die Visionen sind verflogen. Wir misstrauen großen Worten. Für manche ist Sehnsucht nichts als Fata Morgana. In der postmodernen Zeit leben wir ohne Illusionen. Der Mensch kann aber auch in Zeiten der Desillusionierung die Sehnsucht nicht ganz lassen. Wir brauchen uns nur umzuhören, dann erkennen wir seine heimlichen Sehnsüchte in den vielen Schlagern, die seine Sehnsucht nach Liebe besingen. Wir entdecken die heimliche Sehnsucht in den Begierden und Bedürfnissen, die die Konsumgesellschaft wachruft und zu stillen versucht. Sehnsüchte werden kommerzialisiert. Sie verstecken sich hinter vielen Ersatzbefriedigungen. Oder wir brauchen nur die Inhalte von populären Illustrierten zu betrachten, das Verlangen, am Glanz der Filmstars und Sportstars teilzuhaben, oder die Neugier, alles über Königshäuser zu erfahren. Man möchte selber König oder Prinzessin sein.

Sehnsucht versteckt sich heute vor allem hinter der Sucht. Und die ist immer verdrängte Sehnsucht. In der Sucht suche ich eigentlich das, was ich in der Tiefe meines Herzens ersehne. Aber ich gebe meine Sehnsucht nicht zu. Ich möchte in der Sucht meine Sehnsucht überspringen und mir direkt nehmen, was ich ersehne. Das mittelhochdeutsche Wort Sucht kommt von *siech,* von krank sein. Erst in unserer Zeit hat man die Sucht mit der Suche zusammengesehen. Sucht macht abhängig und krank. Ich suche nicht weiter. Ich begebe mich in eine Abhängigkeit, die mir scheinbar schenkt, wonach ich mich sehne. Aber ich bekomme nie, was ich ersehne.

In der Sucht sehnen wir uns letztlich nach dem Paradies des Mutterschoßes. Wir scheuen uns, das Paradies zu verlassen. Wir bleiben im Mutterschoß zurück. Wir weigern uns, die Verantwortung für unser Leben zu übernehmen. Wir wollen nicht erwachsen werden. Wir haben uns so daran gewöhnt, verwöhnt zu werden, dass wir nicht bereit sind, uns dem Leben mit seinen Herausforderungen zu stellen. Wir bleiben im Konsumieren stecken, anstatt uns aufzumachen, um das Leben in die Hand zu nehmen.

NIMM DEIN LEBEN IN DIE HAND

Gerade weil mich meine Sehnsucht lehrt, die Realität anzunehmen, wie sie ist, verlangt sie nach Disziplin. Denn zur Realität meines Lebens gehört es, dass ich mein Leben lang ein Lernender, ein *discipulus,* ein Schüler, bin. Die Sucht verlängert das Verwöhntwerden, das Bleiben im Mutterschoß. Die Disziplin führt mich in das Leben ein. Sie lehrt mich, mein Leben selbst in die Hand zu nehmen, mir klare Ordnungen zu geben. Disziplin meint im Lateinischen die Lehre, den Unterricht, aber auch die Zucht, die Ordnung und die Methode, mit der ich an etwas herangehe. Manche meinen, es komme von *discere* = lernen. Aber vermutlich ist die Wurzeln *capere* = nehmen. Es kommt dann von *dis-cipere* = zergliedern, um zu erfassen. Ich nehme etwas in die Hand. Ich gliedere es, ich teile es auf, um es zu verstehen, um zu sehen, was darinnen ist. Disziplin ist nicht etwas Passives, dem ich mich unterwerfe, sondern etwas Aktives. Ich nehme mein Leben in die Hand. Ich schaue es mir an und überlege, wie ich es so gliedern kann, dass ich wirklich lebe, dass ich selber lebe, anstatt gelebt zu werden.

LEERE INMITTEN DER FÜLLE

Menschen, die alles erreicht haben, wonach sie sich sehnen, werden oft von einem Gefühl innerer Leere heimgesucht. „Der eine mag zum Fußballer des Jahres ernannt werden, der andere summa cum laude promovieren, das Herz des perfekten Partners gewinnen oder so viel Geld verdienen, dass er oder sie den schon immer erstrebten Lebensstil finanzieren kann." (Christina Grof) Doch inmitten all der Fülle bleibt die innere Leere, und die Sehnsucht nach etwas ganz anderem wird sogar noch größer.

Nichts Irdisches, kein Erfolg, kein geliebter Mensch kann unsere innere Unruhe beruhigen. Wir werden erst zur Ruhe kommen, wenn wir die innere Quelle finden, die nie versiegt, die Geborgenheit und Heimat, aus der wir nie vertrieben werden, und eine Liebe, die sich nie auflöst und uns nicht zwischen den Fingern zerrinnt.

ERKAUFTE TRÄUME

Nur was angenommen wird, kann erlöst werden, sagen die Kirchenväter. Wir dürfen also unsere Sucht nicht verurteilen, sonst verfolgt sie uns immer. Wir können gegen sie nicht direkt ankämpfen, sonst entwickelt sie eine zu starke Gegenkraft. Wir sollten die Sucht nach der Sehnsucht befragen.

Wonach sehne ich mich, wenn ich zu viel Alkohol trinke? Ich möchte der Banalität des Alltags entfliehen, ich möchte ein anderes Gefühl haben, ich möchte mich über die Niederungen des Alltags erheben, um in einer gehobenen Stimmung die Welt schöner und gefälliger erleben zu können. André Gide sieht den Grund unseres Trinkens darin, dass wir uns den Traum von einer Sache erwerben möchten, weil wir die Sache selber nicht bekommen können. Wir erkaufen uns im Trinken den Traum vom Glück, weil wir dem Glück vergebens nachlaufen. Doch Gide macht die traurige Erfahrung: „Das Furchtbare ist, dass man sich nie genügend betrinken kann." Das Trinken wird meine Sehnsucht nie wirklich stillen. Im Trinken werde ich immer nur von dem Glück träumen, nach dem ich mich sehne. Aber ich werde dabei immer unglücklicher. Ich verzichte darauf, konkrete Wege zu gehen, die mich dem Glück näher bringen könnten.

Wonach sehne ich mich, wenn ich nicht von der Arbeit loskomme? Ich decke das seelisch Loch zu, das entstehen würde, wenn ich nichts zu tun hätte. Ich laufe vor mir selbst davon. Ich kann mich selbst nicht aushalten. Ich kann es nicht ertragen, wenn ich in der Stille mir selbst und meiner Wahrheit begegnen würde. Oder ich sehne mich nach Anerkennung. Deshalb leiste ich immer mehr, damit man mich nicht übersehen kann. Ich sehne mich nach Beziehung, um mich spüren zu können, um zu erfahren, dass ich liebenswert bin. Ich möchte bedingungslos angenommen sein, mich selbst annehmen und lieben können.

Es geht darum, meine Süchte zu Ende zu denken. Wenn ich die gehobene Stimmung durch den Alkohol bekomme, ist das schon alles? Oder sehne ich mich nicht nach mehr? Sehne ich mich nicht nach einer ganz anderen Wirklichkeit, nach der Wirklichkeit des Geistes?

IN BERÜHRUNG MIT MIR SELBST

In den Exerzitien frage ich mich selbst und auch die Exerzitanten immer wieder: „Was ist deine tiefste Sehnsucht?" Ich kann diese Frage nicht immer sofort beantworten. Aber wenn ich mich dieser Frage stelle, dann fällt alles krampfhafte Suchen, mich selbst besser zu machen, weg. Vieles, was mir sonst Kopfzerbrechen bereitet, wird unwichtig. Ich komme in Berührung mit mir selbst, mit meinem Herzen, mit meiner eigenen Berufung. Wer bin ich eigentlich? Was ist meine Sendung? Welche Spur möchte ich eingraben in diese Welt? Was erfüllt mir meine Sehnsucht? Die Frage nach meiner tiefsten Sehnsucht führt mich letztlich nicht nur zu Gott, sondern auch zu meiner urpersönlichsten Antwort auf Gottes Sehnsucht nach mir. Auch Gott sehnt sich nach mir, so sagen uns die Mystiker. Mechthild von Magdeburg spricht Gott an: „O du brennender Gott in deiner Sehnsucht!" Gott sehnt sich danach, den Menschen zu lieben. Wenn ich mich nach meiner tiefsten Sehnsucht frage, dann entdecke ich, wie ich auf seine Sehnsucht nach mir, wie ich auf seine Liebe zu mir antworten möchte.

Meine tiefste Sehnsucht besteht darin, ganz und gar durchlässig zu werden für seine Liebe und Güte, für seine Barmherzigkeit und Milde, ohne Verfälschungen durch meinen Egoismus, ohne Verdunkelungen durch meine eigenen Bedürfnisse nach Anerkennung und Erfolg. Lauterkeit, Reinheit des Herzens, – so haben das die frühen Mönche genannt.

NICHTS FESTHALTEN

Trau deiner Sehnsucht – und dein Herz wird weit. Deine Sehnsucht führt dich über dein eigenes begrenztes Ego hinaus und relativiert die Probleme, mit denen du dich herumschlägst. Die Sehnsucht befreit dich vom Zwang, alles Schöne und Erfreuliche festhalten zu müssen. Du kannst dich daran freuen und es wieder lassen. Die Sehnsucht macht dich fähig, mitten in den Konflikten des Lebens gelassen zu bleiben. Was deine Erwartungen nicht erfüllt, vermag deine Sehnsucht zu vertiefen. So reagierst du nicht mit Frustration und Traurigkeit, sondern mit innerer Freiheit und Zuversicht. Alles, was dir querläuft, kann dem, der seiner Sehnsucht traut, seine Liebe und Liebenswürdigkeit nicht rauben, sondern wird sie nur stärken und vertiefen. Trau deiner Sehnsucht – und in ihr wirst du heitere Gelassenheit erfahren.

SUCHT IN SEHNSUCHT VERWANDELN

Die Sucht braucht immer zwei Strategien: die eine Strategie ist die konsequente Befolgung klarer Regeln; die andere Strategie geht der Sucht auf den Grund. Was entdecke ich in mir, wenn ich in meine Sucht hineingehe, wenn ich sie zu Ende denke, wenn ich mich frage, was sie mir eigentlich bringen sollte? Ich werde dann auf dem Grund meiner Sucht eine tiefe Sehnsucht entdecken. Und die Sucht wird nicht wirklich geheilt, solange ich nicht auf gesunde Weise mit meiner Sehnsucht in Berührung komme. Die Sehnsucht ist nicht eine fromme Flucht vor der Wirklichkeit meiner Sucht, sondern ein Wandlungsweg für die Sucht. Dieser Wandlungsweg gelingt aber nur, wenn ich der Sucht etwas entgegensetze. Wasserkraft wird erst dann in Strom verwandelt, wenn ich einen Staudamm errichte, damit die Energie in eine andere Richtung fließen kann.

Ernesto Cardenal beginnt sein berühmtes Buch von der Liebe mit dem Satz: „In den Augen aller Menschen wohnt eine unstillbare Sehnsucht. In den Pupillen der Menschen aller Rassen, in den Blicken der Kinder und Greise, der Mütter und liebenden Frauen, in den Augen des Polizisten und des Angestellten, des Abenteurers und des Mörders, des Revolutionärs und des Diktators und in denen des Heiligen: in allen wohnt der gleiche Funke unstillbaren Verlangens, das gleiche heimliche Feuer, der gleiche tiefe Abgrund, der gleiche unendliche Durst nach Glück und Freude und Besitz ohne Ende." Jeder Mensch, so meint Ernesto Cardenal sehnt sich letztlich nach einer bedingungslosen Liebe, nach einer Liebe, die ihm das Leben erst lebenswert macht und die ihm vermittelt, dass er einzigartig und wertvoll ist. „Die Sehnsucht ist der Anfang von allem", sagt Nelly Sachs. Mit der Sehnsucht beginnt der Mensch seinen Weg der Selbstwerdung. Ohne Sehnsucht wäre er nicht Mensch. Ohne Sehnsucht erstarrt er und verliert seine Lebendigkeit.

Rainer Maria Rilke hat in einem Gedicht seiner Vorstellung Ausdruck gegeben, dass Gott jedem Menschen, bevor er ihn in die Nacht dieser Welt hinausschickt, ein Wort mit auf den Weg gibt. Und dieses Wort lautet:

„Von deinen Sinnen hinausgesandt,
geh bis an deiner Sehnsucht Rand;
gib mir Gewand."

Dem Menschen ist die Sehnsucht ins Herz gesenkt. Sie treibt ihn hinaus in diese Welt, um ihre Schönheit zu entdecken und in ihrer Schönheit und hinter allen Dingen Gott selbst zu suchen. Ein Weg, bis an unserer Sehnsucht Rand zu gehen, ist die Musik. Die wunderbare Musik von Schubert geht bis an den Rand der Sehnsucht. Sie lässt die Sehnsucht hörbar werden. Und nur wenn die Sehnsucht Ausdruck findet, ist sie heilsam. Wenn wir unsere Sehnsucht nicht hörbar oder sichtbar werden lassen, dann flüchtet sie sich in die Sucht.

In einem anderen Gedicht definiert Rilke die Sehnsucht:

„Das ist die Sehnsucht: wohnen im Gewoge
und keine Heimat haben in der Zeit."

Die Sehnsucht besteht darin, dass wir mitten im Trubel dieser Zeit leben, dass wir mitten im Gewoge unserer unruhigen Lebensfahrt wohnen. Wie kann das gelingen: mitten im Gewoge wohnen. Die Sehnsucht ist wie eine Heimat mitten im Gewoge. Wenn wir der Musik lauschen, können wir erahnen, dass wir jetzt mitten im Gewoge unseres Lebens, mitten in unseren Konflikten, in unseren Enttäuschungen in unserer Sehnsucht wohnen können.

Martin Heidegger sagte einmal: „Schauen führt in die Freiheit, Hören in die Geborgenheit." Durch die Musik entsteht ein Raum der Geborgenheit, in dem wir wohnen können. Wer so in seiner Sehnsucht wohnt, der spürt, dass die Sehnsucht sein Herz weit macht, dass er eine neue Form von Lebendigkeit in sich entdeckt. Aber gleich nach dem schönen Wort vom Wohnen im Gewoge sagt Rilke, dass wir in der Zeit keine Heimat haben. In der Zeit können wir uns nicht einrichten. Wir können die Zeit nicht anhalten. Sie verweist uns auf eine jenseitige Heimat, auf eine Heimat, die erst dann entsteht, wenn hier Himmel und Erde zusammenfallen, Zeit und Ewigkeit.

WAS DIE WELT ÜBERSTEIGT

Wie können wir mit unserer Sehnsucht in Berührung kommen? Der eine Weg geht darüber, unser Leben anzuschauen und hinter allem die Sehnsucht zu entdecken, die in unseren Begierden, Süchten, Leidenschaften, Bedürfnissen, Wünschen, Hoffnungen steckt. Alles, was wir erleben, zu Ende zu denken, ihm auf den Grund zu gehen. Der andere Weg ist ein spiritueller. Wenn wir im Vaterunser beten: „Dein Reiche komme zu uns", so brauchen wir nicht – sagt Augustinus – Gott anzuflehen, dass er endlich sein Reich kommen lasse, sondern wir stacheln in uns die Sehnsucht nach diesem Reich an. Die Psalmen sind für Augustinus Lieder der Sehnsucht. Indem wir sie singen, wächst in uns die Sehnsucht nach der wahren Heimat in Gott. Augustinus vergleicht das Psalmensingen mit dem Singen von Wanderern. Zur Zeit des Augustinus wanderte man bei Nacht, um der Gefährdung durch Räuber zu entgehen. Aber dafür stieg häufig Angst in den Wanderern hoch. Um sich die Angst zu vertreiben, sangen die Wanderer ihre Heimatlieder. Augustinus zieht diesen Vergleich: So singen wir also hier in der Fremde, die Liebeslieder unseres Vaterlandes, um in uns die Angst vor der Dunkelheit zu überwinden und die Sehnsucht nach Gott anzustacheln.

Die höchste Form des Betens ist für Augustinus das Singen. Er hat eine eigene Theologie über das Singen entfaltet. „Cantare amantis est – singen ist Sache des Liebenden". Singen kann nur, wer liebt. Das Singen führt den Menschen nach innen, in das „Intimum domus meae – in das Innerste meines Hauses". Wenn du der Musik zuhörst, kommt der Klang der Geigen und Celli von außen auf dich zu. Aber das Singen führt dich in den inneren Raum, in dem du dich berührt fühlst, in dem du bei dir daheim, ganz und heil bist. Wenn du in diesem inneren Raum bei dir selbst angekommen und in diesem inneren Raum daheim bist, dann wird eine Sucht unnötig, die die Heimat des Paradieses außen sucht. Wer mit sich selbst in Berührung kommt, spürt in sich etwas, das diese Welt übersteigt, und mitten im Gewirr dieser Welt Geborgenheit schafft.

DAS LETZTE ZIEL

Wenn wir mit allen Kräften nach Reichtum aus sind, so wird der Besitz unsere Sehnsucht nicht erfüllen. In der Suche nach Reichtum steckt die Sehnsucht nach Ruhe, dass wir endlich zur Ruhe kommen können. Aber das Fatale ist, dass der Besitz uns besessen macht, dass er uns noch mehr in die Unruhe treibt. Wenn wir nach Erfolg streben, so steckt dahinter letztlich die Sehnsucht, wertvoll zu sein. Aber wir wissen zugleich, dass kein Erfolg unsere Sehnsucht ganz zu stillen vermag.

Wir erfahren unseren letzten Wert erst in Gott. Jeder Mensch sehnt sich im Grunde danach, geliebt zu werden und selber zu lieben. Wir brauchen nur in der Zeitung zu lesen, um zu entdecken, wie viele solcher Sehnsüchte unbefriedigt bleiben oder in Einsamkeit und Verzweiflung enden. Aber dennoch steckt in jeder kleinen Liebe, auch in der ganz und gar sexuellen Liebe eine Sehnsucht nach absoluter Liebe, die Sehnsucht nach Gott. Augustinus hat gesagt: „Unruhig ist unser Herz, bis es Ruhe findet in dir, mein Gott." Der Mensch ist erfüllt von einem unstillbaren Hunger nach absoluter Heimat, nach Geborgenheit, nach dem verlorenen Paradies, auch wenn nach außen hin das menschliche Verlangen auf andere Ziele geht. Selbst bei Menschen, die sich von Gott abgewandt haben, pocht eine Sehnsucht nach mehr, nach dem ganz anderen, nach dem, der allein genügt. Wenn wir unsere Wünsche und Sehnsüchte zu Ende denken, werden wir letztlich immer auf diese Sehnsucht stoßen. Augustinus kann von sich selbst sagen: „Ich glaube nicht, dass ich etwas finden kann, wonach ich mich so sehne wie nach Gott." Er hat zeit seines Lebens gesucht. Er hat sein Glück zuerst in der Beziehung zu einer Frau gesucht, dann in der Philosophie, in der Wissenschaft, im Erfolg, in der Freundschaft. Und er musste sich eingestehen, dass der letzte Motor seines Suchens Gott war. Erst als er Gott gefunden hatte, kam sein Herz zur Ruhe.

MUSIK WECKT LEBEN

Beim Hören wunderbarer Musik können wir das Geheimnis spüren, nach dem sich unsere Seele sehnt. Unserer Seele verleiht diese Musik Flügel, um sich dorthin begeben zu können, wo sie wahrhaft zu Hause ist. Musik vermag auch ein Herz, das sich in der Depression oft wie tot fühlt, eingesperrt in die Aussichtslosigkeit und Traurigkeit der dunklen Stimmung, wieder zum Leben zu wecken. Musik bringt das erstarrte Herz zum Klingen und Tönen. Du bist eingeladen, alle deine Gefühle zuzulassen, auch die Gefühle von Traurigkeit und Melancholie. Auch deine depressiven Stimmungen dürfen sein. Du brauchst sie nicht zu bekämpfen. Es nützt dir nichts, dir vorzusagen, dass du eigentlich immer fröhlich sein müsstest. Du bist eben nicht immer fröhlich. Du bist auch manchmal traurig. Und vielleicht bedrückt dich oft auch Depression. Es gibt zwei Wege, mit deiner Trauer und Depression umzugehen. Der erste Weg ist, die Depression auszudrücken. Musik macht die Melancholie hörbar. Und gerade eine traurige Musik vermag das Herz anzurühren. Indem ich mein trauriges Herz spüre, wandelt sich die Trauer. Auch Trauer und Melancholie sind eine Form von Lebendigkeit. Ich fühle mich in meiner Trauer. Der zweite Weg besteht darin, in unsere depressiven Stimmungen die froh machende Musik eindringen zu lassen. Wenn ich gerade meine dunklen Gefühle für die Musik öffne, kann ich mitten in der Traurigkeit die Freude wahrnehmen, die auf dem Grund meines Herzens schon in mir ist. Die Musik weckt sie zum Leben.

DIE SEHNSUCHT – EIN ANKER

Die Sehnsucht ist das Wertvollste, das der Mensch in sich trägt. Sie ist der Anker, den Gott in unser Herz geworfen hat, um uns daran zu erinnern, dass unser Herz im Vorläufigen nicht zur Ruhe kommt. In der Sehnsucht ist in uns schon etwas, das diese Welt übersteigt, über das daher die Welt keine Macht hat. Die Sehnsucht macht den Menschen heilig. Für den Menschen, der mit seiner Sehnsucht in Berührung ist, relativieren sich seine Probleme, seine Krankheiten, seine Verletzungen. Ja er spürt, dass all das, worunter er leidet, seine Sehnsucht noch mehr anstachelt. In seiner Sehnsucht berührt er Gott. Die Sehnsucht ist die Spur, die er selbst in unser Herz gelegt hat. Wenn wir unsere Sehnsucht spüren, dann spüren und erfahren wir seine Liebe mitten in der Kälte und Dunkelheit dieser Welt.

EWIGER BESTAND

Der Mensch ist nach Augustinus in der Zeit und er sehnt sich nach der Ewigkeit. So schreibt er in den Confessiones: „Du bist mir Trost, Herr, du mein Vater, ewig bist du! Ich aber stecke in der Zeit und weiß nicht, wie sie laufen wird, und wirren Wechsels zersplittert sich mein Denken und all das tiefste Leben meiner Seele, bis ich in dich zerfließe, gereinigt und geläutert in den Gluten deiner Liebe." Wenn wir mit Gott eins werden in der Liebe, dann wird die Zeit aufgehoben, dann ist Ewigkeit mitten in der Zeit, dann bekommt unser Leben mitten in dieser Zeit ewigen Bestand.

Augustinus leidet unter der Vergänglichkeit der Zeit, in der nichts beständig ist, in der man sich auf nichts verlassen kann: „In dieser Welt aber rollen die Tage dahin, die einen gehen, die anderen kommen, keiner bleibt. Auch die Augenblicke, da wir reden, verdrängen einander, und es bleibt die erste Silbe nicht stehen, damit die zweite erklingen kann. Seitdem wir reden, sind wir etwas älter geworden, und ohne Zweifel bin ich jetzt älter als heute morgen. So steht nichts still, nichts bleibt fest in der Zeit. Darum müssen wir den lieben, durch den die Zeiten geworden sind, um von der Zeit befreit und in der Ewigkeit befestigt zu werden, wo es keine Veränderlichkeit der Zeit mehr gibt." Die Sehnsucht nach der Ewigkeit ist für Augustinus zugleich die Sehnsucht nach Beständigkeit, die Sehnsucht nach bleibendem Glück, nach dauernder Liebe, nach Gelingen des Lebens. In einer Zeit, in der alles im Umbruch war, sehnte sich Augustinus nach etwas Beständigem, auf das er sich verlassen konnte. Das war für ihn Gott, der jenseits aller Zeit und Veränderlichkeit ist. Da wir heute in einer ähnlichen Zeit sind wie Augustinus, können wir seine Sehnsucht nach der Ewigkeit mitten in der Zeit nachfühlen und verstehen.

LEBE STATT GELEBT ZU WERDEN

ENTSCHEIDE DICH HEUTE FÜR DAS LEBEN

WO LEBEN IST, IST GLÜCK

„Wenn du glücklich sein willst – lebe", so einfach ist Lebenskunst nach Leo Tolstoi.

Und es stimmt: Glück kann man nicht direkt anstreben, genauso wenig wie die Freude. Wer glücklich sein will, soll sich dem Leben mit allen Höhen und Tiefen zuwenden. Glück ist Ausdruck erfüllten Lebens. Wenn ich mit allen Sinnen lebe, wenn ich mich einlasse auf das Leben, dann werde ich in meiner Lebendigkeit auch Glück erfahren. Das Glück lässt sich nicht festhalten, genauso wenig wie das Leben. Das Leben fließt immer weiter. Manchmal fließt es durch finstere Täler, manchmal wird es zum Wasserfall. Auch im Schmerz ist Leben. Und so kann in jedem auch eine Ahnung von Glück sein, im Schmerz, der mich für den Bruder oder die Schwester öffnet, in der Freude, die ich mit andern teile, in der Anstrengung, die ich auf mich nehme, um einen Gipfel zu besteigen, in der Entspannung, wenn ich im Meer schwimme.

Überall, wo wirklich Leben ist, ist auch eine Spur von Glück. Doch sowenig ich das Leben von außen betrachten und analysieren kann, sowenig lässt sich das Glück als etwas Objektives beobachten. Es stellt sich ein bei dem, der lebt, der lebendig ist und der sich mit allen Sinnen auf das Leben einlässt.

GANZ GELASSEN

„Hoffnung und Angst können das Wetter nicht ändern."
Diese Weisheit aus Tibet gilt weltweit. Ich kenne selber die Erfahrung, dass ich mir den Kopf zerbreche, ob wirklich alle zum vereinbarten Termin rechtzeitig kommen, weil ich sonst mit meinem Zeitplan durcheinander gerate. Oder ich hoffe und bete, dass das Wetter für den geplanten Ausflug gut wird. Ich schaue dann zum Himmel, ob sich die Wolken verziehen oder dichter werden, so dass mit Regen zu rechnen ist. Ich merke, wie viel Energie solche Gedanken kosten. Und doch kann ich mit meinen Gedanken weder das Wetter beeinflussen noch die Ankunft der Gesprächspartner bestimmen. Es lohnt sich also nicht, immer wieder aufzustehen und nach draußen zu sehen, ob die erwarteten Gäste nicht bald kommen. Ich könnte in dieser Zeit viel besser meine Arbeit erledigen oder einfach nur dasitzen und meditieren. Wenn ich fixiert bin auf das Wetter oder auf den Termin, dann gehört die Zeit nicht mir, sondern meinen Grübeleien, meinen Hoffnungen und Ängsten. Wenn ich das Wetter nehme, wie es ist, wenn ich innerlich ja sage zu dem, was kommt, dann fühle ich mich frei. Dann ist es meine Zeit und Gottes Zeit. Ich kann sie genießen. Manchmal gelingt es mir. Dann sage ich einfach: „Da ich das Wetter nicht ändern kann, lohnt es sich auch nicht, darüber nachzudenken. Da ich die Ankunft des Gastes nicht beeinflussen kann, ist es sinnlos, sich darüber Sorgen zu machen." Dann überlasse ich das Wetter und die Ankunft Gott und kann mich ganz gelassen dem zuwenden, was gerade dran ist.

EIN HEISSES BAD

Gute Taten und heiße Bäder sind das beste Heilmittel bei Depressionen, sagt man. Schon Thomas von Aquin hat die wohltuende Wirkung von heißen Bädern beschrieben. Wenn jemand traurig ist, so der praktische Rat dieses großen Theologen, dann soll er ein Bad nehmen. Dahinter steckt wohl eine Urerfahrung: Das Bad ähnelt dem Mutterschoß. Da schwammen wir auch in warmem Wasser, fühlten uns geborgen, schwerelos, geschützt und getragen. Im Bad kommen wir in Berührung mit dieser Erfahrung von Geborgenheit des mütterlichen Schoßes. Das vertreibt unsere Traurigkeit.

Dass die Wirkung der guten Taten der von heißen Bädern gleichgesetzt wird, mag manchen vielleicht verwundern. Das Bad schenkt Geborgenheit. Die gute Tat führt mich dagegen in die Welt hinaus. Sie fordert mich heraus, von mir und meiner Stimmung Abstand zu nehmen und das zu tun, was gerade ansteht und nottut, was der Mensch neben mir braucht. Gute Taten befreien mich vom narzisstischen Kreisen um mich selbst. Und das tut der Seele gut. Wenn ich durch gute Taten lebendig werde, dann verzieht sich meine Depression. Denn Depression ist Mangel an Leben. In der Depression stehe ich neben mir, da spüre ich mich nicht. Wenn ich etwas Gutes tue, kann ich mich am Erfolg freuen. Es ist mir etwas gelungen. Und wenn der andere sich über meine gute Tat freut, dann wird meine Freude doppelt. Wer sich zu sehr mit seiner Depression beschäftigt, wird immer tiefer in sie hineinrutschen. Ich darf sie sicher nicht verdrängen. Ich muss sie wahrnehmen. Aber zugleich muss ich das tun, was meiner Seele gut tut: einmal ein heißes Bad nehmen oder mir das gönnen, was mir Wohlempfinden gewährt; zum andern von mir wegsehen und auf die Menschen schauen, denen ich etwas Gutes tun könnte. Das beschenkt mich mit neuer Lebendigkeit und Lebensfreude.

FRÖHLICHES HERZ

„Ein fröhlich Herz tut auch dem Körper gut", sagt die Bibel (Sprüche 17,22). Das stimmt – und doch: Es hilft dem traurigen Menschen nicht, wenn ich ihm sage: Freue dich doch. Ich kann einem Menschen nicht befehlen, dass er sich freuen soll. Aber wichtig ist die Erkenntnis: In jedem von uns liegt auf dem Grund seines Herzens die Freude bereit. Wir sind davon oft genug nur abgeschnitten. Es ist unsere Aufgabe, mit der Freude wieder in Berührung zu kommen, die in uns ist. Es gibt ganz konkrete Mittel, die uns dabei helfen: Wir brauchen uns nur daran zu erinnern, worüber wir uns als Kind gefreut haben. Oder wir nehmen die kleinen Dinge des Alltags wahr, die Grund zur Freude sind: das Lächeln der Verkäuferin, das schöne Wetter, die frische Luft, die uns umweht, die Lebendigkeit unserer Kinder. Die Fähigkeit, sich zu freuen und der Freude in seinem Herzen Raum zu geben, ist für den Menschen lebensnotwendig. Amerikanische Mediziner haben festgestellt, dass die Freude nicht nur der Seele, sondern auch dem Körper gut tut, dass sie die Bedingung dafür sein kann, dass Krankheiten weniger auftreten und schneller heilen. Die wohltuende Wirkung der Freude war schon den Weisen des Alten Testamentes bekannt. Die Wissenschaft versucht, diese heilsame Wirkung der Freude zu begründen. Freude ist eine gehobene Emotion, sagt die Psychologin Verena Kast. Sie bringt etwas in unserer Seele und in unserem Leib in Bewegung. Sie entspannt den Leib und erhöht dadurch seine Widerstandskraft.

Es gibt nichts Schöneres.

Und kaum etwas Gesünderes.

AUFGEHELLT

„Eine einzige Freude vertreibt hundert Betrübnisse." (Chinesisches Sprichwort)

Die Freude ist wie ein Licht, das in der Finsternis angezündet wird. Auch wenn die Kerze nur ganz klein ist, vertreibt sie die Dunkelheit eines Raumes. Der Raum bekommt eine andere Atmosphäre. Das kleine Licht leuchtet mitten in der Finsternis und vertreibt sie. Die Kerze hellt den Raum noch nicht so auf, dass man darin lesen kann. Aber ein Raum, in dem eine Kerze brennt, ist nicht mehr dunkel. Genauso – meint das chinesische Sprichwort – kann eine kleine Freude die getrübte Stimmung, die die Seele des Menschen verdunkelt, vertreiben.

Die Freude hellt die trübe Stimmung auf. Sie ist wie ein Keil, der in die Mauer der Betrübnisse geschlagen wird. Der Keil bricht die Mauer entzwei. Es entsteht eine Lücke, durch die das Leben wieder eindringen kann in den Menschen.

LERNE TANZEN

„Lerne tanzen, sonst wissen die Engel im Himmel mit dir nichts anzufangen", das sagt Augustinus.

Für Augustinus ist nicht in erster Linie die Erfüllung der Gebote die Voraussetzung, dass wir in den Himmel kommen und uns dort für immer der Gegenwart Gottes erfreuen können. Vielmehr ist für ihn die Lebendigkeit, die wir hier entwickeln, entscheidend, dass wir auch im Himmel ewiges Leben erfahren. Das Tanzen ist Zeichen dieser Lebendigkeit.

Im Tanzen vergesse ich mich selbst. Da bin ich ganz in meinem Körper. Da spüre ich mich in die Freude am eigenen Körper hinein. Im Tanz drücke ich die Sehnsucht nach Freiheit, nach Geborgenheit, nach göttlicher Schönheit aus.

Die Engel kann sich Augustinus nur als tanzende Wesen vorstellen. Sie wollen uns im Himmel mit aufnehmen in den himmlischen Reigen. Der Kirchenvater Hippolyt nennt Christus den Vortänzer im himmlischen Reigen. Die Engel sind seine Mittänzer. Und sie laden jeden, der in die Herrlichkeit des Himmels gelangt, ein, mitzutanzen und im Tanz die reine Freude, die reine Freiheit und die reine Schönheit zu erleben.

LERNE GENIESSEN

„Wer nicht genießen kann, wird irgendwann ungenießbar." Das ist eine alte Lebensweisheit. Und jeder kennt vermutlich Beispiele, die diese Weisheit belegen.

Askese gehört zu jedem spirituellen Weg. Askese ist die Lust, das Leben selbst in die Hand zu nehmen, selber zu bestimmen, wann und wie viel man isst und trinkt. Bei manchen Menschen wird die Askese freilich zu einer Obsession. Sie haben keine Lust an der Askese. Ihre Askese entspringt vielmehr einer Lebensverneinung. Sie haben ein schlechtes Gewissen, wenn sie sich etwas gönnen. Vor lauter asketischer Abstinenz werden sie unfähig, das, was Gott ihnen geschenkt hat, zu genießen. Beim Essen sehen sie sofort auf ihr Gewicht oder halten sich die gesundheitlichen Auswirkungen vor Augen. Oder sie denken daran, dass andere im gleichen Augenblick nichts zu essen haben. So gut es ist, mit den Armen solidarisch zu sein, so verkehrt wäre es, sich jeden Genuss mit dem Hinweis zu vergällen, dass es Menschen gibt, die hungern. Schon Teresa von Avila hat gesagt: „Wenn fasten, dann fasten. Und wenn Rebhuhn, dann Rebhuhn." Wer sich den Kopf zerbricht, ob das Rebhuhn nicht zu teuer wäre, der kann es nicht mehr genießen. Und wer nichts mehr genießen kann, für den hat die Askese keinen Sinn. Die Askese macht aus ihm nur einen Griesgram, einen Lebensverneiner, einen in sich unzufriedenen Menschen, der sich nicht mehr freuen kann. Wirkliches Genießen verlangt allerdings Askese. Denn wer alles in sich hineinschlingt, der ist unfähig, das, was er isst, auch wirklich zu genießen. Genießen wird nur der, der auch verzichten kann, der ein Gespür dafür hat, wann es Zeit ist, aufzuhören mit dem Essen und Trinken.

ÜBUNG DER SORGLOSIGKEIT

Die alten Mönchsvater sind Meister der asketischen Übung. Zu ihrer Übung gehören aber nicht nur Haltungen wie Demut oder Schweigen, sondern auch eine Haltung wie Sorglosigkeit. Der Mönchsvater übt Sorglosigkeit, indem er sich immer wieder vorsagt: „Ich habe keine Sorge." Er muss sich dieses Wort offensichtlich immer einsagen, da in seinem Herzen Gedanken der Sorge auftauchen. Kein Mensch ist wohl ohne Sorge. Ja, Martin Heidegger meinte, die Sorge sei das Grundexistential des Menschen. Der Mensch sei wesentlich einer, der sich sorgt. Doch indem ich mir in diese Sorge das Wort hineinhalte „Ich habe keine Sorge", kann sich das Gefühl wandeln und in mir das Vertrauen auf Gottes Nähe wachsen. Hier wird also ein Weg angegeben, sich in das Vertrauen Gottes einzuüben. Ich rede mir nicht künstlich etwas ein, ich manipuliere mein Denken nicht. Ich rechne vielmehr damit, dass ich Sorgen habe. Aber ich versuche, die biblische Botschaft vom Vertrauen auf den Gott, der für uns sorgt, konkret einzuüben, indem ich es mir immer wieder sage: „Ich habe keine Sorge."

Was heute viele Psychologen beschreiben, dass man sich positive Worte, dass man sich Vertrauenssätze zuspricht (etwa im Autogenen Training), das haben die Mönche schon immer geübt. Wir könnten uns daran heute wieder erinnern.

VERSUCHUNGEN

Die alten Mönche verteufeln die Versuchungen nicht, im Gegenteil: Sie sehen sie durchaus positiv. Einer der Väter drückt es so aus: „Wenn der Baum nicht von den Winden geschüttelt wird, wächst er nicht und trägt keine Wurzeln. So ist es auch mit dem Mönch: Wenn er nicht versucht wird und die Versuchung nicht erträgt, wird er kein Mann".

Es ist wie in der Geschichte von der Palme: Ein böser Mann ärgerte sich über eine junge schöne Palme. Um ihr zu schaden, legte er ihr einen großen Stein in die Krone. Doch als er nach Jahren vorbeikommt, ist die Palme größer und schöner geworden als alle anderen rings herum. Der Stein zwang sie, ihre Wurzeln tiefer in die Erde zu graben. Und so konnte sie auch höher emporwachsen. Der Stein wurde zur Herausforderung für sie. So sind auch die Versuchungen eine Herausforderung für den Mönch. Sie zwingen ihn, seine Wurzeln tiefer in Gott hineinzutreiben, sein Vertrauen immer mehr auf Gott zu setzen. Denn sie zeigen ihm, dass er aus eigener Kraft nicht mit den Versuchungen fertig wird. Die ständige Auseinandersetzung macht ihn innerlich stärker und lässt ihn zum Mann reifen.

Auch für uns heute ist die Frage, welcher Wert ist uns wichtiger: Korrektheit oder Lebendigsein? Wem es vor allem darauf ankommt, korrekt zu sein, der wird vor lauter Angst vor etwaigen Fehlern am Leben vorbeigehen. Sein Leben wird verkümmern. Er wird zwar korrekt sein, aber nicht lebendig und weit. Das Rechnen mit der Versuchung, die Gewissheit, dass die Versuchung zu uns gehört, macht uns menschlicher, oder wie die Mönche sagen: demütiger. Es zeigt uns, dass wir immer angefochten sind, dass wir nie sagen können, über allen Versuchungen zu stehen, dass etwa Hass und Eifersucht, dass Ehebruch für uns kein Problem wären. Wer behauptet, dass er nie seine Frau oder seine Freundin betrügen würde, der ist seinem Herzen noch nicht begegnet. Das Rechnen mit der Versuchung macht uns wachsam.

LASS GUT SEIN

So gut es manchmal sein kann, sich mit seiner Vergangenheit zu beschäftigen, um sie zu verarbeiten und um sie als Wurzel für die Gegenwart zu erspüren, so wenig hilft es uns weiter, wenn wir ständig in die Vergangenheit schauen und uns nach Vergangenem zurücksehnen. Für den Mönchsvater Evagrius ist es vor allem gefährlich, vor der gegenwärtigen Wirklichkeit in die Vergangenheit zu fliehen, die endgültig vorbei ist und nie mehr wirklich werden wird. Aus der Vergangenheit können wir durchaus vieles für die Gegenwart lernen. Aber wenn sie zur Flucht vor der gegenwärtigen Auseinandersetzung wird, dann hindert sie uns, uns den heutigen Aufgaben zu stellen und daran zu reifen.

Was vorbei ist, ist vorbei. Das gilt für vergangene Ereignisse; wir sollen nicht ständig über unsere Vergangenheit nachdenken. Das gilt aber auch für unsere Fehler, für unsere Sünden. Auch ihnen sollen wir nicht nachtrauern. Sie sind vorbei. Wir sollen weniger auf uns und unser Versagen schauen, sondern auf Gott: „Gott ist größer als unser Herz. Und er weiß alles." (Joh 3,20).

ENTSCHEIDE DICH HEUTE FÜRS LEBEN

„Ob man sein Leben lachend oder weinend verbringt – es ist die gleiche Lebenszeit", sagt man in Japan. Hinter diesem Sprichwort steht eine ganz allgemeine Lebenserfahrung. Jeder hat seine Lebenszeit. Wie er diese Zeit gestaltet, das ist seine Sache. Ob er sie lachend oder weinend verbringt, das liegt allein an ihm. Viele sagen, das würde nicht stimmen. Ich kann mir nicht aussuchen, ob mich ein Unglück trifft, ob mir ein lieber Mensch entrissen wird. Natürlich übertreibt jedes Sprichwort. Es geht nicht darum, das Weinen zu vermeiden. Es gibt auch eine Zeit zum Weinen.

Das japanische Sprichwort meint: Es liegt an uns, ob wir den größten Teil unseres Lebens lachend oder weinend, in depressiver Stimmung oder mit positiver Haltung, verbringen. Die Reaktion auf das, was uns zugemutet wird, liegt in unserer Hand. Wer den Mut hat, seine Trauer auszuweinen, wird auch wieder lachen können. Wer jedoch im Weinen stecken bleibt, der wird weinerlich durchs ganze Leben gehen. Und das ist dann seine eigene Entscheidung. Seine Lebenszeit ist ihm angeboten.

Manchen, die mir im Gespräch immer wieder vorsagen, wie schlimm alles ist, gebe ich den Rat: „Wenn morgens der Wecker schellt, dann entscheide dich für das Leben. Entscheide dich heute für das Leben. Danke Gott, dass du lebst. Und versuche, den heutigen Tag so anzunehmen, wie er ist. Es muss nicht lauter Freude sein. Aber wenn du dich für das Leben entscheidest, wirst du auch mit deiner Kraft, mit deiner Lebendigkeit und mit deiner Freude in Berührung kommen, selbst wenn dich manches trifft, was du beweinen musst."

LACH DARÜBER

Heiterkeit lässt sich nicht verordnen. Habe den Mut, dich wegen deiner Fehler und Schwächen nicht mehr anzuklagen, sondern darüber zu lachen. Sie sind längst in Gottes Barmherzigkeit aufgehoben. Du kannst über dich lachen, wenn du dich nicht so wichtig nimmst. Du kannst heiter sein, wenn du die Leichtigkeit des Seins verspürst, die ihren Grund hat in einem abgrundtiefen Vertrauen in Gottes grenzenlose Barmherzigkeit. Wenn dir seine barmherzige Liebe aufgegangen ist, dann wirst du über vieles, was dich heute noch bedrückt, lachen können und in heiterer Freiheit deinen Weg voll Vertrauen weitergehen.

JEDER IST SEINES GLÜCKES STÖRENFRIED

Das Sprichwort sagt: „Jeder ist seines Glückes Schmied." Jeder ist für sein Glück selbst verantwortlich. Es liegt an ihm, ob er sich selbst bejaht und sich einverstanden erklärt mit dem, was Gott ihm gegeben hat.

Ein pfiffiger Anonymus hat das Sprichwort umgedeutet und an eine Häuserwand seine überraschende Variante der Lebensphilosophie gesprayt: „Jeder ist seines Glückes Störenfried."

Vielleicht hat er sich von Watzlawicks berühmtem Buch inspirieren lassen: „Die Kunst, unglücklich zu sein". Es gibt Menschen, die es immer wieder fertig bringen, das Glück, das ihnen das Leben bietet, zu stören, zu zerstören. Sie stören den Frieden, wenn sie sich einmal gut finden. Sie können es kaum aushalten, dass es ihnen einmal gut geht. Das ist für sie eine so ungewohnte Erfahrung, dass sie sie sofort wieder zunichte machen müssen. Es ist in ihnen wie ein inneres Lebensmuster, dass sie nicht glücklich sein können oder sein dürfen. Daher müssen sie jede positive Erfahrung sofort madig machen. Sie haben sich so mit ihrer Rolle des Unglücklichen identifiziert, dass sie es nicht fertig bringen, diese Rolle vom Spielplan zu streichen. Sie weigern sich, aus ihrer Tragödie eine Komödie zu machen. Doch sie sind zum großen Teil selber der Autor und der Regisseur ihres Lebens. Es liegt an ihnen, wie sie ihr Drehbuch schreiben. Und vor allem liegt es an ihnen, ob sie glückliche Augenblicke genießen möchten oder ob sie sie lieber zerstören mit dem Hinweis, dass das doch nur eine Ausnahme ist, während das übrige Leben doch eine einzige Last sei. Kaum einer wird vor sich selbst zugeben, dass er seines Glückes Störenfried ist. Er wird lieber andere dafür verantwortlich machen, seine Eltern, seine Erzieher, seine Familie, seine Firma, die Gesellschaft, den Staat. Aber es liegt an ihm, wie er auf seine Erziehung reagiert, was er selbst mit dem Leben macht, das ihm zugefallen ist.

ES LOHNT SICH

Wesentlicher Aspekt einer Kunst des gesunden Lebens ist das heilende Ritual. Rituale strukturieren den Tag und geben uns die Gelegenheit zum Innhalten – und damit die Chance, dass wir uns der eigentlichen Wirklichkeit unseres Lebens erinnern. Rituale öffnen den Himmel über unserem oft genug grau verhangenen Alltag. Sie verbinden mit der Lebensquelle des Unbewussten und lassen den lebendigen Geist einfließen in die konkreten Lebensvollzüge dieses Alltags, um sie zu verwandeln. Sie geben uns mitten im Zweifel an uns und unserem Leben die Gewissheit, dass unser Leben gelingen wird. Weil wir Lust haben, den Tag mit einem Ritual zu beginnen, können wir auch den Tag über positiv leben. Und Lust am Leben ist die wichtigste Voraussetzung für gesundes Leben. Rituale sind zudem immer etwas Handfestes: Ich nehme eine Kerze und zünde sie an. Ich mache am Morgen eine Gebärde und halte mich darin Gott hin. Ich nehme ein Kreuz in die Hand und halte mich daran fest. Jakob salbt den Stein, auf dem er geschlafen und von der Himmelsleiter geträumt hat. Er geht zärtlich damit um, behutsam und achtsam. Das Einfache, das Harte des Steines wird zum Zeichen der zärtlichen Liebe Gottes, die ihn umgibt. Jakob nimmt den Stein als Erinnerungsmal. Rituale erinnern uns daran, dass Gott mitten in unserem Alltag bei uns ist, dass er mit uns geht. Im Ritual kommt Gott in unser Inneres.

Rituale geben dem Leben eine Ordnung. Gerade wenn die Menschen in sich zerrissen sind, können Rituale eine heilende Wirkung entfalten. Sie bringen die Seele in Ordnung. Sie geben depressiven Menschen Halt und Festigkeit. Rituale geben mir das Gefühl, dass ich selber lebe und dass es sich lohnt zu leben, weil mein Leben ein Fest ist, ein Fest des Einswerdens mit Gott. Und Rituale zeigen mir, dass mein Leben wertvoll und sinnvoll ist. Für mich ist ein wichtiges Ritual, morgens die Hände zum Himmel zu erheben und mir klarzumachen: Es kommt heute nicht auf meine Leistung an. Ich definiere mich nicht von meinen Terminen, sondern ich möchte den Himmel über den Menschen öffnen. Es lohnt sich, diesen Tag zu leben. Ich möchte meine urpersönliche Spur eingraben in diese Welt. Nur wenn mein Leben sinnvoll ist, kann es auch heil werden.

LEBE AUTHENTISCH

Wir sollen nicht nur auf unsere Gedanken und Gefühle, auf unsere Bedürfnisse und Leidenschaften hören, sondern auch auf unsere Träume und auf unseren Leib. Unsere Träume führen uns oft auf den Weg, der für unsere Seele stimmt. Sie machen uns auf Gefährdungen aufmerksam und mahnen uns, das zu tun, was mit unserer inneren Wirklichkeit übereinstimmt. Sie decken uns unsere Krankheiten auf und geben uns zugleich das Mittel an, das die Krankheit zu heilen vermag. Und wir sollen auf unseren Leib hören. Der Mönchsschriftsteller Evagrius hat genaue Anweisungen gegeben, wie wir auf die Regungen des Leibes achten sollen. Denn sie zeigen uns, wie es in unserer Seele aussieht. Krankheiten weisen uns oft auf verdrängte Bereiche unserer Seele hin. Wir sollen dabei nicht nach den Ursachen unserer Krankheiten fragen. Denn das wäre rückwärtsorientiert und würde uns nur mit Schuldgefühlen belasten. Wir sollen vielmehr nach dem Sinn unserer Krankheit fragen. Die Krankheit ist, um das Bild eines Märchens zu verwenden, der bellende Hund, der uns auf den Schatz aufmerksam machen möchte. Es ist ein Schatz, der in uns liegt. Der Schatz ist Symbol für das wahre Selbst, an dem wir oft genug vorbeileben. Die Krankheit zeigt uns, dass wir das Selbst aus dem Auge verloren haben. Und sie mahnt uns, das Bild, das Gott sich von uns gemacht hat, authentisch zu leben.

HÖR AUF DEINEN LEIB

Der Leib ist oft ehrlicher als unser Verstand, der oft nicht klar denken kann, weil er von unbewussten Voraussetzungen bestimmt wird. Wenn wir Gedanken und Gefühle nicht beachten, drücken sie sich im Leib aus, damit wir sie nicht mehr überhören können. Wir sollen auf unsern Leib hören, um die eigene Wahrheit zu erkennen. Dabei sollen wir dankbar sein, wenn der Leib reagiert, wenn er uns immer wieder zeigt, wie es um uns steht.

Die Psychologie weiß, dass es häufig unsere Gedanken und Gefühle sind, die uns krank machen. Wenn wir uns ständig einreden, dass uns keiner mag und dass wir zu nichts taugen, dann wird sich das auf unsere Psyche und auf unseren Leib lähmend und kränkend legen. Gefühle, die unterdrückt werden, suchen sich im Leib einen Ausdruck. Verdrängte Aggressionen verlagern sich in den Leib. Eine Krankheit kann sich aggressiv gegen die anderen richten. Oder aber wir richten die Aggressionen gegen uns selbst und werden depressiv. Verdrängter Ärger kann sich in Magengeschwüren äußern. Die nicht zugelassenen Bedürfnisse werden häufig in einer Krankheit ausgelebt. Da müssen sich die andern um mich kümmern. Und unterdrückte Lust führt oft genug in die Krankheit. Was wir nicht zulassen, das sucht sich andere Wege des Ausdrucks. Und häufig übernimmt dann der Leib die Funktion, das Unterdrückte und Verdrängte auszuleben. Doch viele wollen ihn nur möglichst schnell wieder funktionstüchtig machen. Wer dagegen jeden Tag sensibel hinhört auf das, was sein eigener Leib ihm sagt, der lebt besser – und gesünder.

ANSTECKEND

Sexualität kann – als Energie des Lebens – eine Quelle der Spiritualität sein. Sexualität möchte uns über uns hinaustreiben in die Ekstase. Wir können gut mit ihr umgehen, wenn wir uns mit ihr anfreunden und sie als Antrieb nehmen, über uns hinauszuwachsen, uns in Gott hineinfallen zu lassen, unsere tiefste Sehnsucht auf Gott zu richten und uns von ihr auf die Menschen verweisen zu lassen.

Sexualität ist eine wichtige Lebenskraft. Sie will verwandelt werden in Sinnlichkeit, Lebendigkeit, Lust am Leben, Fruchtbarkeit, Kreativität.

Je intensiver wir leben, desto mehr wird Sexualität integriert in unsere Spiritualität. Wenn wir positive Lebensenergie ausstrahlen, wenn um uns herum etwas aufblüht, dann ist es immer ein Zeichen, dass die Sexualität zu einem inneren Antrieb zum Leben für uns geworden ist, dass sie uns Lust am Leben schenkt und dass diese Lust am Leben auch andere ansteckt.

FREUDE BESEELT

Wir suchen alle nach Freude und suchen sie oft in Aktivitäten, die uns Spaß und Annehmlichkeiten versprechen – und uns doch nicht zu uns selber bringen. Unzerstörbare und dauerhafte Freude zeigte sich gerade in äußeren Widrigkeiten. Auch in deinem Herzen ist die Freude schon da. Du bist oft nur davon abgeschnitten. Komme in Berührung mit deiner Freude. Lass dich von ihr beseelen. Dann wird dein Leben nicht mehr bestimmt von Anerkennung und Zuwendung, von Erfolg oder Misserfolg, sondern von der inneren Freude, die in dir ist und dir nicht genommen werden kann, weil sie aus einer tieferen Quelle kommt.

LEBEN IN FÜLLE

Was meint eigentlich Qualität des Lebens? Und was ist damit gesagt, wenn wir von „ewigem Leben" oder von „Leben in Fülle" reden? Gemeint ist dies: Wir definieren uns nicht bloß über Leistung und Erfolg, Gesundheit und Krankheit, Anerkennung oder Ablehnung. Und auch wenn wir Probleme haben, wir *sind* nicht unser Problem. Wir haben zwar – immer wieder – Angst, aber wir *sind* nicht unsere Angst. In uns ist eine besondere und unzerstörbare Qualität von Leben, das uns niemand rauben kann: Nichts anderes ist ewiges Leben. Ewiges Leben ist erfahrbar, im Alltag und im täglichen Umgang mit den Menschen: Nicht die Erwartungen und Urteile anderer sind entscheidend, sondern eine Beziehung zu einer transzendenten Wirklichkeit, die die Bibel als Liebe beschreibt und die die Kraft hat, unser Leben zu verwandeln, wenn wir uns darauf einlassen. Biblische Bilder, die von einem solchen Leben in Fülle, von neuer Weite und Freiheit sprechen, sind ganz konkret und unmittelbar einsichtig: Vom neuen Geschmack des Lebens etwa ist da die Rede. Unser Leben, das schal geworden ist wie Wasser, unser Leben, das hart und kalt geworden ist wie ein steinerner Krug, das sich in festgefügten Normen festgefahren hat, wie in leeren Gefäßen, dieses unser Leben wird zu Wein, der das Herz des Menschen erfreut. Ein anderes Bild spricht davon: Unser Leben kann werden wie die Hochzeit zwischen Gott und Mensch. Es ist in vielen Bildern davon die Rede, was es bedeutet, von Neuem geboren zu werden und neue Lebendigkeit in sich zu erfahren. „Leben in Fülle" heißt auch , dass wir mit einer inneren Quelle in Berührung kommen können, von der wir aber oft genug durch unsere Sorgen und Probleme abgeschnitten sind. Der Weg zu diesem Leben führt in das Gelobte Land, in das Land, in dem wir ganz wir selbst sein dürfen, in der wir das einmalige Bild erfahren, das Gott sich von jedem von uns gemacht hat. Auf dem gemeinsamen Weg durch die Wüste müssen wir uns immer wieder daran erinnern, wer wir eigentlich sind: dass wir mehr sind als Menschen, die ihre Pflicht zu erfüllen haben, dass wir Menschen sind mit einer unantastbaren Würde, dass wir aus Gott geboren sind und von ihm her wahre Freiheit und wahres Leben haben. Leben in Fülle heißt auch, dass wir andere zu ihrer inneren Quelle führen, dass wir denen, die die Augen verschließen vor der Wahrheit ihres Herzens, die Augen öffnen, damit sie die blinden Flecken erkennen, die sie vom Leben abhalten. „In Fülle leben" heißt: Durchblicken, das Eigentliche sehen. Das schließt durchaus ein, dass ich mit neuen Augen auch das Schmutzige in mir sehen und mich damit aussöhnen kann. Wir können alles Gott hinhalten, damit Er es in Fülle des Lebens verwandelt. Wenn ich mit neuen Augen durch das Leben gehe, werde ich mitten in der Banalität des Alltags Leben in Fülle als etwas erfahren, was auch durch den Tod nicht vernichtet werden kann. Es ist das Leben der Liebe, aus der wir auch im Tod nicht herausfallen werden. Der französische Philosoph Gabriel Marcel hat es einmal so umschrieben: „Lieben, heißt, zum andern zu sagen: Du, du wirst nicht sterben." Leben in Fülle heißt also auch, wieder lieben lernen, so lieben können, dass wir uns auch hingeben und verlieren können, ohne auf Nutzen zu starren. Es ist Leben aus einer Liebe, die wir wieder denen schenken können, die uns begegnen, ohne dass wir dabei selbst leer ausgehen, weil wir zuerst geliebt sind. Gerade dadurch, dass wir die Wirklichkeit unseres begrenzten Lebens so erkennen und akzeptieren wie es nun einmal ist, in all seiner Banalität: Auch mit all unseren Enttäuschungen und Belastungen, auch mit unserem Scheitern und unserem Versagen gelangen wir zu einer neuen Qualität unserer Existenz, eben zu diesem Leben in Fülle. Dazu unterwegs zu bleiben, auf dem ganz alltäglichen Weg, darum geht es letztlich immer, jeden Tag unseres Lebens. Es ist ein gesunder und heilsamer Weg – der Weg der wahren Lebenskunst.

NICHTS IST WICHTIGER

„Nichts ist so wichtig wie der heutige Tag." (Johann Wolfgang von Goethe)

Wenn ich morgens ins Büro komme und den Stapel auf meinem Schreibtisch sehe, dann sage ich mir: Eins nach dem andern. Nichts anderes ist jetzt wichtig, als diesen Brief zu schreiben und diese Unterschriftenmappe zu erledigen. Im Augenblick leben, achtsam sein, bewusst die Gegenwart auskosten, das sagen uns alle spirituellen Meister. Der heutige Tag ist wichtig. Jesus fordert mich auf, die Sorge um den morgigen Tag loszulassen. Allein der heutige Tag ist wichtig. Ihm soll ich mich zuwenden: „Sorgt euch also nicht um morgen; denn der morgige Tag wird für sich selbst sorgen." (Mt 6,34) Die Sorgen für morgen beschweren den heutigen Tag. Es genügt, mich dem Heute zuzuwenden. Heute entscheidet es sich, ob ich lebe oder nicht, ob ich da bin oder nicht, ob ich mich auf diesen Menschen einlasse oder nicht, ob ich etwas anpacke oder nicht. Das Heute gut zu bewältigen, das ist genug Herausforderung für das Leben.

Beim Buch der Lebenskunst ist jeder selbst der Autor.

Quellenhinweis: Für die Übernahme der Texte auf S. 122–124, 127–137 danken wir P. Jan Fatka vom Verlag Karmelitanske nakladatelstvi in Prag. Der Text S. 87 wurde gekürzt aus dem Band Markus Schächter (Hg.), Was kommt. Was geht. Was bleibt (Verlag Herder) übernommen. Die Texte S. 22 f., 26, 31, 46, 61, 85, 90, 104, 115, 146, 148 f., 171 f., 175–178, 181 stammen auszugsweise aus dem Band „50 Helfer in der Not" (Herder Spektrum). Die Texte auf S. 15, 24, 27, 48 f., 77, 82 f., 95–97, 99 f., 111, 140 entstammen dem Band „Der Himmel beginnt in dir" (Verlag Herder) und wurden zum Teil für diesen Band leicht bearbeitet.